高校入試実戦シリーズ

実力判定テスト10
改訂版

英語
偏差値70

JN007786

※解答用紙はプリントアウトしてご利用いただけます。弊社
HPの商品詳細ページよりダウンロードしてください。

目　次

この問題集の特色と使い方 ……………………………………………………… 3

問題編

第 1 回 …………………6

第 2 回 ………………… 14

第 3 回 ………………… 20

第 4 回 ………………… 26

第 5 回 ………………… 34

第 6 回 ………………… 42

第 7 回 ………………… 50

第 8 回 ………………… 58

第 9 回 ………………… 64

第10回 ………………… 74

解答用紙 ……………………………………………………… 154

解答・解説編

第 1 回 ………………… 84

第 2 回 ………………… 91

第 3 回 ………………… 98

第 4 回 ………………… 103

第 5 回 ………………… 109

第 6 回 ………………… 115

第 7 回 ………………… 123

第 8 回 ………………… 130

第 9 回 ………………… 135

第10回 ………………… 145

この問題集の特色と使い方

☆**本書の特長**

　　本書は，実際の入試に役立つ実戦力を身につけるための問題集です。いわゆる“難関校”の，近年の入学試験で実際に出題された問題を精査，分類，厳選し，全10回のテスト形式に編集しました。さらに，入試難易度によって，準難関校・難関校・最難関校と分類し，それぞれのレベルに応じて，『偏差値60』・『偏差値65』・『偏差値70』の3種類の問題集を用意しています。

　　この問題集は，問題編と解答・解説編からなり，第1回から第10回まで，回を重ねるごとに徐々に難しくなるような構成となっています。出題内容は，特におさえておきたい基本的な事柄や，近年の傾向として慣れておきたい出題形式・内容などに注目し，実戦力の向上につながるものにポイントを絞って選びました。さまざまな種類の問題に取り組むことによって，実際の高校入試の出題傾向に慣れてください。そして，繰り返し問題を解くことによって学力を定着させましょう。

　　解答・解説は全問に及んでいます。誤答した問題はもちろんのこと，それ以外の問題の解答・解説も確認することで，出題者の意図や入試の傾向を把握することができます。自分の苦手分野や知識が不足している分野を見つけ，それらを克服し，強化していきましょう。

　　実際の試験のつもりで取り組み，これからの学習の方向性を探るための目安として，あるいは高校入試のための学習の総仕上げとして活用してください。

☆**問題集の使い方の例**

①指定時間内に，問題を解く

　　必ず時間を計り，各回に示されている試験時間内で問題を解いてみましょう。

②解答ページを見て，自己採点する

　　まず1回分を解き終えたら，本書後半の解答ページを見て，自分自身で採点をしましょう。

　　正解した問題は，問題ページの□欄に✓を入れましょう。自信がなかったものの正解できた問題には△を書き入れるなどして，区別してもよいでしょう。

　　配点表を見て，合計点を算出し，記入しましょう。

③解説を読む

特に正解できなかった問題は，理解できるまで解説をよく読みましょう。

正解した問題でも，より確実な，あるいは効率的な解答の導き方があるかもしれませんので，解説には目を通しましょう。

うろ覚えだったり知らなかったりした事柄は，ノートにまとめて，しっかり身につけましょう。

④復習する

問題ページの□欄に✓がつかなかった問題を解き直し，全ての□欄に✓が入るまで繰り返しましょう。

第10回まで全て終えたら，後日改めて第1回から全問解き直してみるのもよいでしょう。

☆問題を解くときのアドバイス

◎試験問題を解き始める前に全問をざっと確認し，指定時間内で解くための時間配分を考えることが大切です。一つの問題に長時間とらわれすぎないようにしましょう。

◎かならずしも大問１から順に解く必要はありません。得意な形式や分野の問題から解くなど，自分なりの工夫をしましょう。

◎問題文を丁寧に読みましょう。「あてはまらないものを選びなさい」や「全文書きなさい」など，重要な部分は線を引いたり○で囲んだりして，確認しましょう。

◎時間が余ったら，必ず見直しをしましょう。

☆各問題形式のアドバイス

●長文読解

①語注がある場合は，長文を読み始める前に日本語訳に目を通すと，内容理解のヒントになります。

②長文を読む前に，問題を読んでおく方が効率のよい場合もあります。

③文中にわからない単語が出てきてもこだわらず，前後の文からだいたいの意味を推測し，読み進めましょう。

④重要な部分に線を引いたり，単語を○で囲んだりしながら読んでいきましょう。

●並び換え問題

①肯定文・否定文・疑問文のどれになるか，確認しましょう。

②主文の動詞を決めましょう。

③動詞に合う主語を見つけましょう。

④残った語句を，意味の通るまとまりにしていきましょう。

　（例）〈to ＋動詞の原形〉，〈前置詞＋名詞／動名詞〉など

⑤使った語句には線を引いていき，単語の使い忘れや重複使用を防ぎましょう。

●語句変化問題

①問われている単語の前後だけでなく，文全体の意味を把握しましょう。

②問われている単語の品詞が何なのか確認しましょう。

　（例）動詞の場合は，時制や態，不定詞，動名詞，分詞に注意しましょう。

　　　　形容詞の場合は，比較級・最上級になる場合が多いです。

　　　　名詞の場合は，単数形・複数形に注意しましょう。

☆過去問題集への取り組み

　ひととおり学習が進んだら，志望校の過去問題集に取り組みましょう。国立・私立高校は，学校ごとに問題も出題傾向も異なります。また，公立高校においても，都道府県ごとの問題にそれぞれ特色があります。自分が受ける高校の入試問題を研究し，対策を練ることが重要です。

　一方で，これらの学習は，高校入学後の学習の基にもなりますので，入試が終われば必要ないというものではありません。そのことも忘れずに，取り組んでください。

　頑張りましょう！

出題の分類

1 長文読解   4 語句整序

2 会話文読解   5 正誤問題

3 語句補充

▶ 解答・解説は P.84

時　　間：50分
目標点数：80点

1回目	/100
2回目	/100
3回目	/100

1 次の英文(モハメド・アリの伝記の一部)を読んで，あとの各問いに答えなさい。

[1] Muhammad Ali was perhaps the most famous person in the world by the mid-1970s. More than anything, fans wanted to see a third fight between Ali and Joe Frazier. On October 1, 1975, the two fighters met in the capital of the Philippines. The event was called *The Thrilla in Manila*. Ali and Frazier knew each other very well. They fought *toe-to-toe for *round after round. Each man gave and received terrible shots to the head and body. Both of them would not give in and tried to keep punching the other. However, finally Frazier could not come out to fight the fifteenth round. Ali won and remained champion. He was glad but suffered from pain because of a terrible punch. In the dressing room afterward, he said,"①It was the closest thing to dying." Some people hoped that Ali would stop fighting after the Manila match, because they knew that he took a lot of hard punches through many years. But Ali kept boxing. He won six more fights, but he was getting hit more and more. ②He was (　　) and could not avoid all the punches. Doctors and others worried that he would be *permanently injured. In February 1978, Ali lost his title again. Twenty-four-year-old Leon Spinks beat Ali in Las Vegas. However, the old champion had one more comeback in him. Later that same year, Ali, then almost thirty-seven years old, won the title back from Spinks. He became the first person ever to win the heavyweight title three times.

[2] After a while, thinking about his family, Ali finally began to see that it was time to stop fighting. Then he retired in 1979, but he came back ③to fight a pair of *embarrassing losses. He was beaten easily by fighters whom he would have beaten *in his prime. At that time, he seemed to fight just to make money, not to earn a title. In 1981, he retired from boxing forever. In 1984, Ali faced a new and more difficult battle, far from the ring. He was *diagnosed with ④Parkinson's disease, which damages the *central nervous system. His brain was not making the right connections to some of his muscles anymore, and this made him difficult when he would move properly. He *trembled and had trouble speaking and walking. ⑤His face was "frozen" or without expression. Many doctors felt that getting punches in the head so many times during his long boxing career caused his Parkinson's disease. Ali did not want people's pity. ⑥Though he was no longer the same man, he knew that his name could still make a difference in the world. He

wanted to help other people and spread a message of peace. Sick or not, Muhammad Ali still had fight in him.

3 In 1986, Ali got married to Lonnie Williams and started a new life. She became a great help to him in his life after boxing. They thought family was very important and took care of their children. One of them was an *adopted child, Assad, who grew up to be a college baseball star. Also, Ali remained very close to his mother until her death in 1994, though he never felt as close to his father as he did to his mother.

4 ⑦ Because of his illness, talking and moving became harder and harder, but Ali's challenge continued to make him a great messenger. He traveled the world in the 1990s, sharing a message of peace and trying to help poor and hungry people. ⑧ His fame allowed him to travel to countries in which Americans are not usually welcome. In 1990, he went to Iraq and arranged for fifteen American *hostages to be *released. Ali also took *medical supplies to Cuba when that country faced a crisis. When the black South African leader Nelson Mandela was released from prison in 1990, Ali met him soon after.

5 One of the greatest moments in Ali's life after boxing came in 1996, when he was chosen to light the *torch to open the Summer Olympics in Atlanta. The selection of Ali was a well-kept secret. Only a handful of people knew about it before the magic moment when the champion once again stepped in front of the world. Millions watched as he held the torch *steady with his right hand, while his left hand trembled and his face remained a mask. ⑨ It was an amazing moment in modern Olympic history.

6 The *United Nations named Ali a *Messenger of Peace in 1998. That same year, *The Ring* magazine named him the greatest heavyweight boxer of all time. In 1999, as the twentieth century ended, many media groups looked back on the *previous one hundred years. *Sports Illustrated*, *ESPN, the *Associated Press, and the *BBC all named Muhammad Ali as one of the greatest athletes of the twentieth century. November 2005 was a big month for Ali and his family. First, President George W. Bush awarded Ali the *Presidential Medal of Freedom. That is the highest *honor the United States can give to a person who is not in the *military. The award showed ⑩ how different things were from some years ago. Almost forty years earlier, the government had arrested Ali. Now it was honoring him. Later that month, the Muhammad Ali Center opened in Louisville, Kentucky. The center tells the story of Ali's amazing life.

7 Ali still fights Parkinson's. He cannot smile or talk. He needs help standing and walking, but he is still the Greatest to billions of people. They remember his courage in the ring, but they admire his spirit more. They admire him because

he believes himself at any time and in any situation. In return, he has used his worldwide fame to try to help millions of people. Back in 1975, a reporter asked ⑪ how he would like to be remembered. He said he wanted to be remembered "as a black man who won the heavyweight title and treated everyone equally. As a man who never looked down on people who respected him. As a man who helped as many people as he could." Most people will remember him as the Greatest.

(注)　toe　つま先　　round　1ラウンド　　permanently　永久に　　embarrassing　恥ずかしい

in his prime　もし全盛期だったら　　diagnose　診断する　　central nervous system　中枢神経

tremble　震える　　adopted　養子の　　hostage　人質　　release　解放する

medical supplies　医療物資　　torch　聖火　　steady　しっかりと　　United Nations　国連

Messenger of Peace　平和大使　　previous　前の　　*Sports Illustrated*　スポーツ週刊誌

ESPN　スポーツ専用チャンネル　　Associated Press　AP 通信　　BBC　BBC 放送

Presidential Medal of Freedom　大統領自由勲章　　honor　名誉(を与える)　　military　軍

□　問1　下線部①の内容を表すものとして最も適切なものを次のうちから選び，記号で答えなさい。
　　ア　自分のパンチはもう通用しなかった。
　　イ　このパンチで相手をやっつけてやろうと思っていた。
　　ウ　殺されるかと思うようなパンチだった。
　　エ　控室は死にそうなくらい息苦しかった。

□　問2　下線部②の(　　)に入れるのに最も適切なものを次のうちから選び，記号で答えなさい。
　　ア　not as quick as before
　　イ　much quicker than before
　　ウ　as slow as before
　　エ　not slower than before

□　問3　下線部③の不定詞と同様の用法を含む文を次のうちから選び，記号で答えなさい。
　　ア　I had no time to watch TV last night.
　　イ　She grew up to be a great writer.
　　ウ　It is very easy for me to solve this problem.
　　エ　My son went to France to study French literature.

□　問4　下線部④の病気の原因を医者たちは何であると思ったのか日本語で答えなさい。

□　問5　下線部⑤と同じ状態を表す語句(5 語)を，第④段落以降から抜き出しなさい。

□　問6　下線部⑥，⑦をそれぞれ日本語に直しなさい。

□　問7　下線部⑧と次の文がほぼ同じ意味を表すように，(　☆　)(　★　)に入る

適切な語を書きなさい。

He was so (☆) that he (★) travel to countries in which Americans are not usually welcome.

☐ 問8　下線部⑨について，何が "amazing" であったのか，30 字以内の日本語で具体的に説明しなさい。

☐ 問9　下線部⑩の具体的な内容として最も適切なものを次のうちから選び，記号で答えなさい。

　　ア　ボクシングで戦っていたアリが，その後病気に対して全力で闘っていたこと。
　　イ　かつてヘビー級のタイトルを勝ち得たアリの戦績が，もはや忘れられてしまったこと。
　　ウ　復活の見通しがないアリが，20 世紀を振り返る雑誌に登場したこと。
　　エ　かつてアリを逮捕したアメリカ社会が，時を経てアリを称賛するようになったこと。

☐ 問10　下線部⑪のレポーターの問いに対するアリの返答を，日本語で 3 点書きなさい。

問11　次の問いに，（　　）内に記された段落を参考に，指定された語数の英語で答えなさい。ただし，句読点は語数に含めない。

☐ 　　(1)　From *The Thrilla in Manila* in 1975 to his retirement, did Ali remain heavyweight champion?（第①段落／3 語）
☐ 　　(2)　When did Ali finally stop fighting?（第②段落／2 語）
☐ 　　(3)　What did Ali fight against after his retirement?（第②段落／5 語）
☐ 　　(4)　What can we learn in the Muhammad Ali Center?（第⑥段落／9 語）

問12　本文の内容と一致するものには○，一致しないものには×を書きなさい。

☐ 　　(1)　Leon Spinks remained champion only for less than a year.
☐ 　　(2)　As family was very important for Ali, he felt close to his father as well as to his mother.
☐ 　　(3)　Ali visited some countries in troubles and tried to help by building hospitals and schools.
☐ 　　(4)　At the opening ceremony of the 1996 Olympic Games, people all over the world were waiting for Ali to show up.
☐ 　　(5)　After the 1996 Olympic Games, Ali was praised a lot by the media.
☐ 　　(6)　Ali will be regarded as one of the greatest persons.

2 次の会話文を読んで，あとの各問いに答えなさい。

Jack : Did you see that TV commercial for Chunky Choc Cookies, Mary?

Mary : Yes, I thought it was good. I like their slogan.

Jack : Me, too. It's really catchy. I'm sure I'll (1) it.

Mary : Yes, you won't forget the slogan, but will you buy the product?

Jack : If I don't need it, I won't buy it.

Mary : But that's what advertising does to us. Advertisers tell us that (2) we buy their product, we'll be happy. So we buy things we don't need.

Jack : ┌─ i ─┐ Advertising is often fun. Didn't you see that great ad for hamburgers on YouTube?

Mary : The one that spread quickly in a few days? Yes, that was really funny. But I just think companies spend too much money on advertising.

Jack : That's not true. With modern media, companies can target consumers quickly and cheaply. そのような会社にとっては，インターネットで何百万もの人々とつながるのは簡単だ。 They call it *webvertising*, and it's (3) way to get new customers.

Mary : But Internet ads are so annoying. 【 A 】 products that don't interest me.

Jack : I know what you mean. But you can delete the ads easily.

Mary : You seem to be a real fan of advertising, Jack.

Jack : ┌─ ii ─┐ I think it's silly when **celebrities** promote something. I don't believe a product is better just because people like movie stars say they use it.

Mary : ┌─ iii ─┐ If I use the same makeup as a movie star, I may look like her — some sort of thing?

Jack : Yes, it's nonsense. But I like most kinds of advertising. Neon signs, for example, make cities more (4). And 【 B 】 through the Internet. That way I can get information quickly about products that interest me.

Mary : Well, I really hate it when I get text messages on my phone. Last week I checked on the Internet (5) new sports shoes. Then I was in town, and I got a message from a sports shop about their sales campaign for sports shoes. I looked (6) and discovered that I was right outside that store! It feels like somebody is watching me!

Jack : Well, that's because your phone has a **GPS** receiver. That's modern technology. If you throw away your phone, the advertisers won't find you!

Mary : No! I can't live without my phone!

(注) consumer：someone who buys and uses things and services
annoying：making someone a little angry

問 1　文中の (1)～(6) に入る最も適切なものを次のうちからをそれぞれ選び，記号で
　答えなさい。
☐　(1)　ア　hate　　　　イ　make　　　　ウ　need　　　エ　remember
　　　　　オ　see
☐　(2)　ア　as　　　　　イ　besides　　　ウ　however　　エ　if
　　　　　オ　though
☐　(3)　ア　an easy　　イ　an expensive　ウ　a proud　　エ　a strange
　　　　　オ　a silly
☐　(4)　ア　colorful　　イ　dangerous　　ウ　foolish　　エ　peaceful
　　　　　オ　tiring
☐　(5)　ア　for　　　　イ　in　　　　　　ウ　into　　　　エ　to
　　　　　オ　with
☐　(6)　ア　away　　　イ　down　　　　ウ　into　　　　エ　through
　　　　　オ　up
☐　問 2　文中の　i　～　iii　に以下の 1 ～ 3 を入れる場合，最も適切な組み合わ
　　せを，次のうちから選び，記号で答えなさい。
　　　1　Not all advertising.　　2　Don't take things so seriously.
　　　3　Me, neither.
　　ア$\begin{cases} \text{i : 1} \\ \text{ii : 2} \\ \text{iii : 3} \end{cases}$　イ$\begin{cases} \text{i : 1} \\ \text{ii : 3} \\ \text{iii : 2} \end{cases}$　ウ$\begin{cases} \text{i : 2} \\ \text{ii : 1} \\ \text{iii : 3} \end{cases}$　エ$\begin{cases} \text{i : 3} \\ \text{ii : 1} \\ \text{iii : 2} \end{cases}$　オ$\begin{cases} \text{i : 3} \\ \text{ii : 2} \\ \text{iii : 1} \end{cases}$

☐　問 3　文中の【A】に入る最も適切なものを次のうちから選び，記号で答えなさい。
　　ア　I don't want to go shopping for
　　イ　I don't want to see people buy
　　ウ　I don't want to see those silly ads for
　　エ　I want to look for
　　オ　I want to spend money on

☐　問 4　文中の celebrities の意味に最も近いものを次のうちから選び，記号で答
　　えなさい。
　　ア　busy sellers　　イ　famous people　　ウ　good companies
　　エ　heavy buyers　　オ　rich advertisers

☐　問 5　文中の【B】に入らないものを次のうちから選び，記号で答えなさい。
　　ア　I don't have a problem when companies target me
　　イ　I don't mind companies targeting me
　　ウ　I don't think companies are trying to target me
　　エ　It is fine that companies are targeting me
　　オ　I welcome companies targeting me

□ 問6　文中の **GPS** に関して，問いに対する最も適切な答えを次のうちから選び，
　　記号で答えなさい。
　　How does GPS work?
　　ア　It blocks junk mail you get.
　　イ　It lets you know when an earthquake hits.
　　ウ　It protects your computer from viruses.
　　エ　It sends you email messages.
　　オ　It shows where you are.

□ 問7　文中の日本語を英語に直しなさい。ただし，the Internet, reach, millions
　　を必ず使うこと。

3　次の(　　)に入る最も適切な語句を選び，記号で答えなさい。
□ (1)　(　　) do you feel about this situation?
　　　　ア　How　　　　　　イ　What　　　ウ　Who　　　エ　Which
□ (2)　I'll go (　　) a trip to Germany next month.
　　　　ア　at　　　　　　　イ　in　　　　ウ　on　　　　エ　to
□ (3)　(　　) which team will win the game?
　　　　ア　How about　　　イ　Who knows
　　　　ウ　What about　　　エ　Why don't you
□ (4)　Watch my dog (　　) I come back.
　　　　ア　until　　　　　　イ　since　　　ウ　by　　　　エ　while

4　日本文の意味を表す英文を【　　】内の語(句)を使って完成させ，英文中の空所①，
　　②の位置にくるべき語(句)を選び，記号で答えなさい。ただし，文頭に来る語も小文
　　字で示してある。
□ (1)　このゲームは私が先週やったゲームより面白い。
　　　　This video game (　　)(　　)(　　)(　　)(　①　)(　　)(　②　)(　　)
　　　　(　　) last week.
　　　　【ア　I　　イ　that　　ウ　more　　エ　the　　オ　than　　カ　is
　　　　キ　exciting　　ク　one　　ケ　played】
□ (2)　その仕事のおかげで，彼女はフランス語が大変上手に話せるようになった。
　　　　(　　)(　　)(　　)(　①　)(　　)(　　)(　②　)(　　).
　　　　【ア　speaker　　イ　a　　ウ　her　　エ　French　　オ　good
　　　　カ　the job　　キ　made　　ク　very　　ケ　of】
□ (3)　駅まで行くのにどれくらいの時間がかかるか知っていますか。
　　　　Do you know (　　)(　　)(　①　)(　　)(　　)(　②　)(　　)(　　)(　　)?
　　　　【ア　to　　イ　how　　ウ　will　　エ　station　　オ　get to　　カ　long
　　　　キ　it　　ク　take　　ケ　the】

□ (4) 昨夜は 9 時に寝てしまうほど疲れていた。

I ( ) (①) ( ) ( ) ( ) (②) ( ) ( ) ( ) nine o'clock last night.

【ア that イ I ウ went エ at オ so カ was キ bed ク to ケ tired 】

5 次の英文中の下線部(ア)～(サ)には，語法・文法上正しくないものが 5 つあります。
□ 例にならって，正しくないものの記号を指摘し，正しく書きかえなさい。

【例】 She (ア)likes (イ)an apple.

[解答]

記号	正しい語句
イ	apples

1. Jennifer (ア)visited many old temples (イ)during she stayed in Kyoto.

2. "Ted suddenly got angry and left home last night. He (ウ)hasn't come back yet."

"Really? What (エ)was happened then?"

3. "What shall I do next?"

"Go to the post office and buy ten 82-yen stamps, (オ)will you?"

4. I will never forget (カ)to meet her ten years ago.

5. Joshua left his wallet at home, and he asked me to (キ)borrow him some money.

6. The report says that the medicines sold in this country are three (ク)more times expensive than (ケ)the ones sold in other countries.

① 長文読解　　④ 語句選択

② 長文読解　　⑤ 同意文書き換え

③ 語句補充　　⑥ 条件英作文

▶ 解 答 ・ 解 説 は P.91

1回目	／100
2回目	／100
3回目	／100

① 次の英文を読んで，あとの各問いに答えなさい。

Tommy Grant was a taxi driver in London. He worked for TOP TAXIS. One day Tommy's boss, Sam, telephoned him. It was very early in the morning. "Tommy," said Sam. "Can you be at The Ritz hotel at 9 o'clock?" "Yes," said Tommy, "but why?" Sam and his wife were having breakfast with their son and daughter, Billy and Katy. "Gloria Brash is in London," said Sam. "Gloria Brash!" said Tommy. "The *film star!　① Where do you want me to drive her?" "Not her," said Sam. "Him. Her 12-year-old son Dino wants to see London today. His mother's working. There's a letter for you at The Ritz. There's £50, too. That's for Dino." "£50 for one day in London!" said Tommy. "That's a lot of money." "I know," said Sam. "Be very nice to the boy, Tommy, and don't be late." "You know me," said Tommy. "I'm always early."

It was ②(　　　). Tommy was at The Ritz fifteen minutes early. He went to the desk. "I'm from TOP TAXIS," he said.

The woman behind the desk gave him the letter and the money. The letter said, 'It's Dino's first time in London. Please take him to all these places:　A　,　B　and　C　.' "OK," thought Tommy. "Now, is Dino here? I know I'm early, but..."

He saw a boy in a chair. "Hello," he said. "Are you Dino?" "That's me," said the boy. "Are you the driver from TOP TAXIS?" "Yes," answered Tommy.

The boy stood up. "OK," he said. "Let's go."

First, Tommy drove to Buckingham Palace — the home of the queen. He stopped the taxi. "What are you doing?" asked Dino. "I don't want to see this old place." Tommy looked at him. "But I..." Then he remembered Sam's words: '　X　' "OK, Dino," he said. "Where do you want to go?"

Five minutes later Tommy stopped the taxi again in front of an *amusement arcade called the Video Palace. "Is this the place?" he asked. "That's right," answered Dino. "Can I have £20, please?" "But I don't think your mother..." "I want £20. Now!"

Tommy gave Dino the money. Then he sat in the car and waited. Three hours later, Dino came back. "Now, are you hungry?" asked Tommy. "Yes, I am," answered Dino. "Very hungry."

Tommy drove to Harrods. "There's a very good restaurant in this shop," he said.

"I don't want to eat here!" said Dino. "I want to have lunch there." "Where?" asked Tommy. He looked across the road.

Dino went into the Big Burger Bar with another £20. He ate a mountain of food and drank four milkshakes. Tommy ate his lunch in the taxi. "£20 for lunch!" he thought, "I can buy a week's food with £20." He looked out of the window and ate another sandwich.

An hour later Dino came out of the restaurant.

Tommy said to himself, "   X   " "Do you want to go to the British Museum now?" he asked. "OK," answered Dino.

Tommy looked at him. "Yes?!" ③Tommy was very happy. He drove to the British Museum and gave Dino £10. "Thanks," said Dino. "Wait here." Then he went into a cinema across the road from the museum.

At 4:15 Dino came out of the cinema. Tommy was sitting in the *cab. He was very angry. "Where - do - you - want - to - go - now?" he asked. "Oh, back to The Ritz, I think," said Dino. "I'm tired and I want to have a bath before dinner." "Good," thought Tommy.

Tommy started the car again.

At 4:30 Tommy stopped in front of the hotel. "Here we are," he said. He opened the door for Dino. Then he saw a beautiful woman in a very expensive coat. She was walking out of The Ritz and she was looking at him, "I know that woman," thought Tommy. Then he remembered. "Of course, it's Gloria Brash!"

ア　Tommy's face went white. He looked out of the window.

　　His taxi was there, but 'Dino' was not.

イ　"This is my son Dino," she said.

　　"But, but..." Tommy couldn't speak.

ウ　"I am very angry," said Gloria.

　　Tommy looked at the boy, at the film star, and at the young boy again.

エ　"Come with me," said the film star. She walked back into the hotel.

　　There, Tommy saw a boy sitting in a chair. He looked very sad.

オ　"But this can't be Dino!" he said.

　　"Young man, I know my son!" answered Gloria. "Now, where is my £50?"

カ　"Are you the man from TOP TAXIS?" asked Gloria.

　　"Yes," said Tommy.

It was 5 o'clock in the afternoon. Tommy's boss, Sam, was at home. He and his wife were having a cup of tea. The door opened and their son walked in. "Hello," said Sam. "Good day at school?" The boy looked very happy. "Yes, thanks," he said. "*Very* good."

(注)　film　映画　　amusement arcade　ゲームセンター　　cab　タクシー

15

□ 問1　下線部①の文中に含まれる you / me / her はそれぞれだれのことを指しているか。次のうちからそれぞれ選び，記号で答えなさい。
　　　ア　Tommy　　　イ　Sam　　　ウ　Sam's wife　　　エ　Billy　　　オ　Katy
　　　カ　Gloria　　　キ　Dino

□ 問2　下線部②にはある時刻が入る。その時刻を英語でつづりなさい。

□ 問3　空所　A　,　B　,　C　のいずれにもあてはまらない場所を次のうちから 3 つ選び，記号で答えなさい。
　　　ア　Big Burger Bar　　　イ　British Museum　　　ウ　Buckingham Palace
　　　エ　Harrods　　　　　　オ　Video Palace　　　　カ　The Ritz

□ 問4　文中に 2 カ所出てくる空所　X　に入る最も適切な英文を次のうちから選び，記号で答えなさい。
　　　ア　Can you be at The Ritz hotel at 9 o'clock?
　　　イ　Gloria Brash is in London.
　　　ウ　There's a letter for you at The Ritz.
　　　エ　Be very nice to the boy.
　　　オ　Don't be late.

□ 問5　下線部③についてなぜ Tommy はそのような気持ちになったのか。「少年が初めて…くれたから。」という形で答えなさい。ただし，…に入るのは 15 字以内の日本語とする。

□ 問6　文中のア～カを最も適切な順番に並べかえなさい。ただし，4 番目には「ウ」がくるものとする。

□ 問7　本文の内容に合うように次の英語のやりとりを完成させるとき，（　　）に入る人名を英語 1 語で答えなさい。
　　　Q：Who told a lie and spent the £50?
　　　A：（　　）did.

2　次の英文を読んで，あとの各問いに答えなさい。

　"Find a job you love, and you'll never work a day in your life." Do you agree with this old saying? Joanne Gordon does. She is the author of *Be Happy at Work* and other books about careers. Gordon *estimates that about 30 percent of *employees in North America do not like their jobs, and she thinks that is terrible. She wants to help people who do not feel satisfied with their jobs（　1　）work that is good for them. Now, some may say that only a few kinds of jobs can really make someone happy,（　2　）the truth is that many different kinds of work can be enjoyable and *rewarding. Joanne says,"There are no happy jobs, only happy workers." She believes that happy workers share three main *characteristics.

First, happy workers [　A　], and they look forward to the workday. Take Tony Hawk, for example. At age 14, he became a professional skateboarder; at 16, he was the best in the world. Now he is a businessman working on projects related to skateboarding — films and video games, for example — but he still skates every day. He once said, "My youngest son's pre-school class was recently asked what their dads do for work. The responses were things like'My dad sells money' and 'My dad figures stuff out.' My son said, 'I've never seen my dad do (　3　).' " Tony agrees that his job doesn't look like work, and it doesn't feel like work, either. He has found [　4　] a job he enjoys.

Second, happy workers [　B　]. Sally Ayotte says,"My teammates are the coolest people in the world. People from all over the country want to come here and we get top talent." She and her crew cook for almost 1,200 people in *Antarctica. Most of these people are scientists who are doing research. Sally loves to sit and talk with them. She says,"It's easy to make lifelong friends when you spend six months with someone in a kitchen or chatting with them over meals. There is no television here, no radio, so I get to know the scientists and what they're studying." Sally thinks she has a great job, and the best part about it is the people.

Third, happy workers [　C　]. Caroline Baron's work assists refugees, people who have had to leave their home countries because of war or other dangers. She is a filmmaker who started an organization called FilmAid, which shows movies in refugee camps. For one thing, entertaining movies let refugees forget their troubles for a little while. Movies can also teach important subjects like health and safety. (　5　), in one camp, thousands of refugees saw a movie about how to get clean water. Caroline knows that many refugees are glad to have the film program. One refugee said,"FilmAid makes people happy. It makes people come together in peace." Caroline knows that she is helping other people, and this makes her feel pround and happy about her work.

Tony Hawk, Sally Ayotte, and Caroline Baron all get great satisfaction from their work. But is happiness at work really important? (　6　) believes it is, and says,"Find the thing you love. If your work feels like your hobby and you are doing what you love, there is much more happiness there than being rich or famous." Joanne Gordon would agree. She encourages people to find something they take great pleasure from doing, find coworkers they like and respect, and find ways to assist people. Then they can be proud of what they do, and they will probably be happy at work.

(注)　estimate　～であると推定する　　employees　従業員　　rewarding　価値のある

　　　characteristic　特徴　　Antarctica　南極大陸

- □ 問1 空所(1)に入るものとして最も適切なものを次のうちから選び，記号で答えなさい。
  - ア finding　イ find　ウ found　エ to finding

- □ 問2 空所(2)に入るものとして最も適切なものを次のうちから選び，記号で答えなさい。
  - ア but　イ and　ウ for　エ so

- □ 問3 空所(3)を補うべき1語を答えなさい。

- □ 問4 空所[4]を下の単語群を並べ換えて補うとき，[　　]内で，3番目と6番目にくる単語の記号を答えなさい。
  - ア spend　イ way　ウ each　エ a　オ doing
  - カ day　キ to

- □ 問5 空所(5)を補うべき最も適切なものを次のうちから選び，記号で答えなさい。
  - ア In other words　イ In addition　ウ However　エ For example

- □ 問6 空所(6)を補うべき最も適切なものを次のうちから選び，記号で答えなさい。
  - ア Joanne Gordon　イ Tony Hawk
  - ウ Sally Ayotte　エ Caroline Baron

- □ 問7 空所[A]，[B]，[C]を補うべき最も適切なものを次のうちからそれぞれ選び，記号で答えなさい。
  - ア know that their work helps others
  - イ like the people they work with
  - ウ are proud of their social status
  - エ don't mind what others think of
  - オ can lead a life of leisure
  - カ enjoy the daily activities of their jobs
  - キ understand what makes people work

3 次のア～ウの(　　)にはそれぞれある単語が入るが，3つのうち2つは共通の語が入り，残りの1つには違う語が入る。1つだけ違う語が入る文の記号と，その語を答えなさい。

- □ (1)　ア Drive more slowly, (　　) you'll have an accident.
  - イ Lisa can both speak (　　) write Chinese.
  - ウ You should practice it again (　　) again.

- □ (2)　ア Peace begins (　　) a smile.
  - イ Cheese is made (　　) milk.
  - ウ I stayed (　　) my grandfather last Saturday.

4 空所に入る最も適切なものを次のうちからそれぞれ選び，記号で答えなさい。

☐ (1)　I (　　) my brother.
　　　ア　sing as well as not　　　イ　sing not as well as
　　　ウ　don't sing as well as　　　エ　don't as sing well as

☐ (2)　I was surprised to meet my teacher (　　) the library.
　　　ア　in my way to　　　イ　on the way to
　　　ウ　the time in　　　エ　when go to

☐ (3)　She was (　　) abroad by herself.
　　　ア　enough old to go　　　イ　to be gone old enough
　　　ウ　enough old to be gone　　　エ　old enough to go

☐ (4)　I was late for school (　　) I got up very early this morning.
　　　ア　and　　イ　if　　ウ　because　　エ　even though

5　a)の英文をほぼ同じ内容を表す b)の英文に書き換えるとき，空所にあてはまる最も適する1語を答えなさい。

☐ (1)　a)　I have lived in this city for fifteen years.
　　　　b)　Fifteen years (　　), I started to live in this city.

☐ (2)　a)　You shouldn't be at work today. By going home and resting, you will feel better.
　　　　b)　You will not get better (　　) you don't go home and rest.

☐ (3)　a)　I don't know the way to the museum, so I need your advice.
　　　　b)　Could you please tell me (　　) to get to the museum?

☐ (4)　a)　My father is not here right now. Maybe he went to the supermarket.
　　　　b)　I think my father has (　　) to the supermarket.

6　次の各英文の空所に，少なくとも6語以上の英語を入れて完成させなさい。

☐ (1)　In the future I want _____.
☐ (2)　Last summer I _____.
☐ (3)　My home is smaller _____.
☐ (4)　I think the most interesting country _____.

出 題 の 分 類

① 長文読解   ④ 語彙

② 会話文読解   ⑤ 正誤問題

③ 語句整序   ⑥ 条件英作文・和文英訳

時　　間：５０分
目標点数：８０点

▶解答・解説は P.98

1回目	/100
2回目	/100
3回目	/100

① 次の英文を読んで，あとの各問いに答えなさい。

Today I'm writing about writing. We've all experienced good and bad writing, but what exactly is the difference and why does it matter?

Bad writing changed my life direction. I was working on a *PhD in literature because I loved good fiction. Unfortunately, literature students (1), that is, literary *criticism and critical theory. Occasionally, I came across a critical book that really spoke to me, but most of the required reading was simply unreadable.

I'll never forget a professor's comment on a critical paper I wrote. She thanked me for writing clearly and simply and said most of her students' papers were impossible to understand. I knew exactly what she meant. A lot of scholars and other professionals use *jargon and elevated language to (2). Sometimes they're actually hiding behind fancy language because they don't know what they're talking about. Eventually, I changed my path away from *grad school to (3).

Good writing is clear and simple, no matter who the audience is. Some Japanese readers probably think I simplify my writing for second language learners. I don't. Writing for a Japanese audience is the perfect way to (4).

As William Zinsser said in his classic guide, *On Writing Well*, "The secret of good writing is to *strip every sentence to its cleanest components." In other words, cut unnecessary words and use short, simple ones rather than big, long ones.

Which sentence is better? You decide:

[A]：Social media platforms are utilized to enhance opportunities for communication outside of the classroom.

[B]：We use Facebook and Twitter to help students communicate better outside class.

When I was a kid, we used to (5). Do you recognize this one? "Three visually deficient rodents, three visually deficient rodents. Observe how they perambulate ..." and so on. That is of course the beginning of this song: "Three blind mice, three blind mice. See how they run ..."

One lesson to take from all this is writing well doesn't require a lot of fancy English. If you're reading and understanding this essay, you're probably ready to write good English yourself. Practice by creating an English-only Facebook group with friends, or just keep a diary. That might be a fun way to start a new year!

(注) PhD 博士の学位　　criticism 批評　　jargon 専門用語　　grad school 大学院
　　　strip そぎ落とす

□　問1　本文中の(1)~(5)に入る最も適切なものを次のうちからそれぞれ選び，記号
で答えなさい。

　　ア　remember what's important in good writing
　　イ　spend much of their time reading what other professors write about
　　　　literature
　　ウ　become a professor
　　エ　make fun of big language by singing simple songs in a complicated way
　　オ　sound important or profound
　　カ　avoid reading terrible English

□　問2　筆者があげている2つの例文(A および B)のうち，筆者が好ましいと考えて
いるのはどちらか。A または B の記号で答えなさい。

□　問3　次の英文のうち，本文の内容に合うものを3つ選び，記号で答えなさい。

　　ア　The author is writing in simple English because it is meant for Japanese
　　　　readers.
　　イ　The author didn't like the way her fellow literature students wrote their
　　　　papers.
　　ウ　If the reader is able to read and understand the essay, he/she will be able
　　　　to write good English.
　　エ　The author would rather read good fictions than read good non-fictions.
　　オ　Making an English-only Facebook group is the only way to make your
　　　　writing better.
　　カ　The author agrees with what William Zinsser said in his book about how
　　　　we should write.

2　次の英文を読んで，あとの各問いに答えなさい。

Son:　　　Daddy, I wasn't covered with a *shell like a *chick when I was born, was I?

Father:　No, you ①(＿＿＿＿). Why do you ask such a strange question?

Son:　　　I just thought, I was safe because Mother protected me in her body until my
　　　　　birth, but *hens lay eggs and sit on them. I'm afraid they break their eggs
　　　　　before the baby chicks come out?

Father:　That's a good point, son. But in fact, hens don't break their eggs.

Son:　　　｜　　　A　　　｜ Is it because an eggshell is very hard?

Father:　No, the eggshell itself is easy to *crack, but the secret lies in the shape
　　　　　of the egg. Take an egg from Mother. If you *squeeze the ends of an egg
　　　　　between the palms of your hands, it won't break.

Son: Is that so? Let me try. Give me an egg! Oof, I can't break it, you're right.

Father: However, if you squeeze it in the middle, you'll break it. Don't do it! It creates a terrible mess!

Son: [B] I wanted to do it myself, though...

Father: Anyway, this arch shape is the secret. Thanks to the curved shape, an arch shaped object can share the weight and the pressure coming on the top equally with the whole body.

Son: It sounds a bit difficult for me.

Father: Well, take a closer example. Do you remember how eggs are sold in a supermarket?

Son: Yes. They are kept with their ends pointing up and are never left lying *horizontally.

Father: It is because...

Son: Because it can stand forces from ②(a-____), so that egg cases can be piled up. It makes sense!

Father: Clever, my son. Now, you may want to see how strong the eggshells are.

Son: Shall we do some scientific test?

Father: [C] Bring some eggs and a dinner plate.

Son: Alrighty!

Father: First, stick thick tape around the middle of an egg. Second, carefully crack the eggshell at the pointy end of the narrower end. Make a small hole and remove the contents of the egg into a bowl.

Son: Yuck.

Father: Thirdly, carefully cut through the tape with a cutter. Repeat this process two more times.

Son: Do we use the halves with a hole?

Father: No, we only use the rounder arch halves.

Son: I'll throw them away.

Father: Now, it's fun time. Turn the plate upside down, I mean, put it with the open end facing down.

Son: Like this?

Father: Correct. Put the prepared eggshells on the *flat surface at equal spaces so that they form a triangle.

Son: [D]

Father: Lastly, lay books or magazines on the eggshells. Do the shells crack?

Son: [E] One, two, three... Look, I put ③a book and 12 magazines on top!

Father: Now, you understand why hens don't break their eggs.

(注)　shell　殻（から）　chick　ひよこ　　hen　雌鶏　　crack　割れる　　squeeze　強く握る

　　　 horizontally　水平に　　flat surface　平らな表面

□　問1　下線部①の（　　）に入る英語1語を書きなさい。

□　問2　 A ～ E に入る最も適切なものを次のうちからそれぞれ選び，記号で答えなさい。

　　　ア　What a pity!　　　イ　You're lying.　　　ウ　Yes, let's.

　　　エ　Let me check!　　 オ　Why so?　　　　　カ　How about you?

　　　キ　I've done it.　　 ク　No, it won't.　　　ケ　Yes, we're.

□　問3　下線部②の（　　）に入る，aから始まる英語1語を答えなさい。

□　問4　下線部③の下にある卵の殻の数を算用数字で答えなさい。

□　問5　本文からわかる原理を最も利用している橋の形状を次のうちから選び，記号で答えなさい。

ア

イ

ウ

エ

オ

カ

3　日本語の意味を表すように[　　]内を並べ換えなさい。

□　(1)　彼はいつも最初に学校に来て最後に帰る。

　　　He is [to / to / to school / the first man / the last / and / leave / come].

□　(2)　奥さんに子供が生まれる予定の友人から手紙をもらった。

　　　I got a letter [whose / have / to / wife / going / a friend / is / from] a baby.

□　(3)　警察官がその外国人女性に，日本では左側通行だと教えた。

　　　The police officer [the / the / keep to / foreign / left / to / told / woman] when driving in Japan.

4　次の定義にあてはまる適切な単語をそれぞれ答えなさい。なお，最初の文字は指
　　定されている。最初の文字も含めて書くこと。

- □　(1)　(m　　　) = a period of time that is sixty seconds long
- □　(2)　(n　　　) = someone who lives next to you or near you
- □　(3)　(s　　　) = a small piece of paper with a design on it that you buy and put
　　　　　　　　　　　on a postcard or an envelope to show that an amount of money
　　　　　　　　　　　has been paid
- □　(4)　(v　　　) = a very small town in the countryside
- □　(5)　(v　　　) = a person who kindly does a job without receiving money for it

5　文法的に<u>間違っている文</u>を次のうちからそれぞれ選び，記号で答えなさい。

- □　(1)　ア　No other mountain in Japan is higher than Mt. Fuji.
　　　　イ　Mt. Fuji is higher than any other mountain in Japan.
　　　　ウ　No other mountain in Japan is as high as Mt. Fuji.
　　　　エ　Nothing is higher than Mt. Fuji in Japan.
　　　　オ　Any of the mountains are not high as Mt. Fuji.
- □　(2)　ア　When has his fever gone down?
　　　　イ　His fever has just gone down.
　　　　ウ　His fever hasn't gone down yet.
　　　　エ　His fever has already gone down.
　　　　オ　How long did it take for his fever to go down?
- □　(3)　ア　There is only a little food left in the fridge.
　　　　イ　How many homework did the teacher give you?
　　　　ウ　Did you have much interest in English as a child?
　　　　エ　He has no plans for his summer vacation.
　　　　オ　Recently we have seen very few whales in this area.
- □　(4)　ア　A friend of mine said, "In Japan, schools start in April. "
　　　　イ　I found a nice clock on the wall when I entered the room.
　　　　ウ　I am going to go shopping with my friends on Sunday morning.
　　　　エ　I went fishing to Lake Biwa alone last Saturday.
　　　　オ　This train will soon arrive at Tokyo Station.

6　次の会話文を読んで，下線部①には前後の内容から判断して最も適切と思われる
　10 語程度の英語を自分で考えて補いなさい。下線部②はそのまま英語に直しなさい。

　　　Mrs. Lee ： I'm afraid that our children watch television too much these
　　　　　　　　 days. Don't you think so?

　　　Mr. Lee ： I'm not sure about that. Why do you feel that way?

□　Mrs. Lee ： ①_____
　　　　　　　　 This situation is bad for them. Don't you agree?

□　Mr. Lee ： Well, I don't mean to disagree with you, but ②私の意見では，テ
　　　　　　　　 レビは子供たちにとっていつも悪いというわけではないよ。

　　　Mrs. Lee ： Oh? I can't understand you. What makes you say that?

　　　Mr. Lee ： They can get much information and understand what the world
　　　　　　　　 is like.

① 次の英文を読んで，あとの各問いに答えなさい。

Two boys and two girls. They were found at one of the busiest traffic signals in South *Delhi. The boys were about five or six years of age. The girls looked older, about eight or nine. As the traffic was heavy on the road, the four of them played their own games on the *divider. As soon as the traffic stopped on one side of the road, the children saw the red signal and stopped their games. Then they went from car to car with dirty cloths. They cleaned the front windows of cars with those dirty cloths and asked for some money. Some people gave a coin or two, and many more told them to go off. 【　①　】 As soon as the traffic signal turned (1), the children went back to their little island on the divider to play their games again.

Ranjana saw them daily from her window seat in the school bus. She was 12 years old and full of ideas. She was very good at studying and a member of her school's athletics team. But her classmates liked her most because she was very kind at heart. 【　②　】

But every time the 12-year-old tried to tell her parents to give some money to the children on the traffic crossing, they stopped her. "By giving them money you are helping them to ask for money. (2)They will never learn to do anything else," her mother always said. Ranjana felt very sad. She kept thinking about how she could help the children.

One day Ranjana and her brother went for a long walk. They reached the traffic crossing. The signal was three kilometers from their house. Ranjana decided to talk to the four children at the crossing. She bought them an ice cream each and asked them where their parents were. "Our parents are construction workers. They have to go to work even if they are ill or they do not get paid," the tall girl said.

The four children came from a village in *Bihar. Their parents were very poor and thought they would be able to get better jobs in the city. The children went to school in the village but after coming to Delhi their education stopped. The other girl said, "Ranjana, it has been some time since we left school. If we stay on the street like this, then we will forget we ever went to school. We are used to doing things our own way here. No one tells us what to do."

It was getting dark. Ranjana's brother told her it was time to go back home. "Bye, Ranjana, you are our friend now. No one has talked to us like this before," the tall girl said. Ranjana felt tears in her eyes. On the way back Ranjana was very silent. She was trying to find something they could do to help the children. 【 ③ 】

The idea came to Ranjana at the breakfast table the next morning. Her father worked in a private company. That morning he was talking on the phone to one of his younger workers, "(3) The new ones will be here by tomorrow. Anyway, these computers are useless for us now."

Suddenly Ranjana knew what she had to do. She said, "Daddy, can we take those computers to the community center? Do you remember where those children asked for money? The center is to the left of the traffic crossing. We can start a kind of school there. My street children will come because all children are interested in computers. And I have a lot of computer games and software for kids that you got for me long ago. I will ask my friends to give children's books and magazines to the center."

Ranjana's father looked at her for a long time. 【 ④ 】 Then he went up to her and lifted her off the ground. He said, "I am very (4) to have you for my daughter. You may have all of the 12 computers. But you must talk to the people who work in the community center."

The next day was the second Saturday in the month. No school for Ranjana! She went with her mother to the community center. Mr. Kapur worked there. Ranjana told him about her idea. Then he said, "Young lady, I have one *condition. If we start learning classes for those children, you must give our center a couple of computers for our official work." Mr. Kapur also said that many of the people there would be glad to teach different subjects to the children. Ranjana's brother said he would take computer classes.

The school was started the next day. The youngest of the children pressed the button to switch on the computer and everyone looked at Ranjana.

Do you know what happened to that school, and to the children? They soon got interested and played all kinds of games on the computers. They learned English very fast because they all wanted to be like Ranjana. Those children have promised Ranjana that (5) they see any children asking for money at that traffic signal, they will bring them to the community center. And Ranjana is happy that she never took the easy way out by pressing a coin into an open hand.

(Adapted from *Programmed to Learn*)

(注) Delhi　デリー(インドの都市)　divider　中央分離帯(車道中央の安全地帯)
　　　Bihar　ビハール(インドの州)　condition　条件

問1　空所（ 1 ），（ 4 ），（ 5 ）に入れるのに最も適切な語を次のうちからそれぞれ選び，記号で答えなさい。

- [ ] （ 1 ）　ア　red　　　イ　green　　　ウ　black　　　エ　white
- [ ] （ 4 ）　ア　sorry　　イ　sure　　　ウ　proud　　　エ　interested
- [ ] （ 5 ）　ア　while　　イ　though　　ウ　if　　　　エ　because

- [ ] 問2　下線部（ 2 ）が指す内容として最も適切なものを次のうちから選び，記号で答えなさい。
  - ア　the 12-year-old girls
  - イ　Ranjana's parents
  - ウ　the children on the traffic crossing
  - エ　Ranjana and her brother

- [ ] 問3　空所（ 3 ）に入れるのに最も適切な英文を次のうちから選び，記号で答えなさい。
  - ア　Take care of those old computers.
  - イ　Throw away those old computers.
  - ウ　Use those old computers carefully.
  - エ　Those old computes are yours.

- [ ] 問4　以下の文が入る最も適切な場所を本文中の【①】～【④】から選び，番号で答えなさい。

  When the postman went up three floors to deliver a letter, she made sure to give him water on a hot day.

問5　本文の内容に合うように(A)(B)の英文を完成させるとき，下線部に入る英語として最も適切なものを次のうちからそれぞれ選び，記号で答えなさい。

- [ ] (A) The children on the crossing _____.
  - ア　made money by cleaning the front windows of cars
  - イ　were looking for something in order to wash cars
  - ウ　found that they lived near Ranjana's house
  - エ　were able to use computers before they went to school

- [ ] (B) At the community center, Ranjana was happy because _____.
  - ア　she wanted to give some coins to the people who needed help
  - イ　she was given enough money for the community center by a company
  - ウ　she was finally able to help the children without giving them any money
  - エ　she easily gave up asking for money at the traffic signal

□ 問6　本文の内容と一致するものを次のうちから**2つ**選び，記号で答えなさい。

ア　Ranjana saw the four children every day while she was walking to school.

イ　The four children thought about how they could help themselves.

ウ　The four children didn't go to school in Delhi when Ranjana met them.

エ　Ranjana took some computers to the community center that were no longer used in her father's office.

オ　Ranjana was asked by Mr. Kapur to teach the children English to start the new school.

カ　The four children wanted to bring other kids who were like Ranjana to their school.

2 次の英文を読んで，あとの各問いに答えなさい。

We all learn about historical events from books in school. (A), sometimes these history books mix facts with stories. These stories have often been presented as true, but historians agree that many are not. They may include some truth, and it makes them more *believable. Others are not true at all. They are <u>fiction</u>, that is, somebody invented them. Here are just two examples.

Marco Polo, a thirteenth century *explorer, spent many years traveling through Asia. He served the Mongol emperor, Kublai Khan. He brought the art, science, and culture of Asia to Europe. True?

Perhaps. Historians disagree on this. Some are certain that this is true. Others believe that he never traveled all the way to China. These historians think he listened to the stories of other travelers and made up his own *journey. One story about Marco Polo is well known to schoolchildren. They learn that he brought Chinese noodles back to Europe. In Italy, these noodles were the origins of pasta —like spaghetti. This is certainly not true. Pasta was already commonly eaten in southern Italy before the thirteenth century. It was probably brought to Italy from the Arab world, not China.

So, why do we often *give Marco Polo credit for spaghetti? Here is the reason:

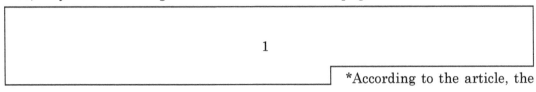

1

*According to the article, the sailor's name was Spaghetti.

Christopher Columbus's *expedition was the first to visit the New World— North and South America. Columbus wanted to *prove that the world was round. At the time, most people believed that the world was *flat. True?

In fact, [2] of these "facts" about Columbus is true. It is certain that there were many earlier visitors to the New World. There were *traders and explorers from Northern Europe as early as the tenth century and perhaps Arab sailors even before that. (B), the purpose of Columbus's journey was to find gold, silver, and spices. Many people already believed that the world was round during the time of Columbus. This *knowledge went back as far as ancient Greece (*200 BCE) and was also well known to *scholars in both the *Islamic world (as early as the ninth century) and *non-Muslim Europe.

(C), what is the origin of these myths about Columbus? Historians have tried to find them. There is *mention of them in books from the seventeenth through nineteenth centuries, but not before that. One book, published in the United States in the 1820s, says that the main purpose of Columbus's journey was to prove that the world was round.　Historians are not sure how or why these myths about Columbus began.

　There are many other examples of historical myths: the Roman emperor, Nero, played the violin while Rome burned; Chinese history began 5,000 years ago when the Yellow Emperor taught his people about agriculture, which is the growing of rice, beans, fruit, and other crops; Cleopatra died when an asp (a kind of snake) *bit her; Napoleon was very short; astronauts saw the Great Wall of China from space; Einstein was not a good math student.　How do these myths begin, and why do they continue?　Each myth has a different origin, but most of them continue for one good reason: they are good stories.　Everyone likes a good story, but perhaps not so many of them belong in history books.

(注) believable 信じられる　　explorer 探検家　　journey 旅
　　　give A credit for ～　～をAの手柄にする　　according to the article　その記事によれば
　　　expedition 探検隊　　prove 証明する　　flat 平らな　　trader 貿易業者　　knowledge 知識
　　　200 BCE　紀元前200年　　scholar 学者　　Islamic　イスラム教の
　　　non-Muslim 非イスラムの　　mention 言及　　bit bite「噛む」の過去形

☐　問1　次のア～オのうちの4つを並べ換え，[1]の部分を完成させなさい。
　　ア　He met a beautiful Chinese girl who was making delicious noodles.
　　イ　It told the story of a handsome Italian sailor on Marco Polo's ship.
　　ウ　Marco Polo was very surprised to eat such delicious food.
　　エ　In 1929, a business group called the American Pasta Association wrote about the origin of pasta.
　　オ　She gave him some of the noodles to take home.

☐　問2　[2]に入る最も適切な1語を次のうちから選び，記号で答えなさい。
　　ア　all　　イ　most　　ウ　some　　エ　one　　オ　none

☐　問3　(A), (B), (C)に入る最も適切な語句を次のうちからそれぞれ選び，記号で答えなさい。
　　ア　So　　　　　　イ　However　　　　ウ　First of all
　　エ　In addition　　オ　For example

☐　問4　下線部の語 fiction と最も近い意味で用いられている単語を本文中より抜き出し，単数形で答えなさい。

問5 次の各文が本文の内容と合っていればT，違っていればFを答えなさい。

☐ (1) Some historians believe that Marco Polo traveled through Asia and brought things back to Europe.

☐ (2) People say that Christopher Columbus visited North and South America, but historians believe that he never traveled there.

☐ (3) People first recognized that the earth is not flat during ancient times in Greece.

☐ (4) Historians found that Nero played the violin while Rome burned.

☐ (5) People like historical myths because they are interesting stories.

3 次の各組の空所に入る同じつづりの単語を答えなさい。

☐ (1) I received a (　　) from my grandmother. She doesn't know how to send e-mails.

　　　You have to start an English sentence with a capital (　　).

☐ (2) I bought a (　　) about sailing yesterday.

　　　We have to (　　) a hotel for our vacation in London.

☐ (3) I saw my math teacher in the library by (　　).

　　　There is a 60 percent (　　) of rain tomorrow.

☐ (4) Welcome to Jackie's Burgers. What would you like to (　　)?

　　　This elevator is out of (　　) right now.

☐ (5) The train was full of people, so we had to (　　).

　　　I can't (　　) it anymore! My little brother always uses my computer.

4 次のア～オの語を並べ換えて文を完成させるとき，(a), (b)に入るものを記号で答えなさい。なお，文頭で用いられる語も小文字で記してある。

☐ (1) この塔はいつこの場所に建てられたのですか。

　　　(　　) (a) (　　) (b) (　　) in this place?

　　　ア tower　イ this　ウ was　エ when　オ built

☐ (2) 私の弟は背が足りずに，そのジェットコースターに乗れなかった。

　　　My brother was (　　) (a) (　　) (b) (　　) on the roller coaster.

　　　ア enough　イ to　ウ tall　エ ride　オ not

⑤ 次の英文はある英単語を説明したものである。その単語を書きなさい。

☐ (1) This is a place to read books, newspapers, and magazines. You can listen to CDs and watch DVDs at some of the places. You can also borrow them. The word begins with "L."

☐ (2) This is information that should not be told to anybody. It is hidden from others or sometimes it is known to only a few people. The word begins with "S."

⑥ 次の下線部(1), (2)を英語にしなさい。

☐ 「ケン，お願いがあるんだけど。(1)君が昨日読んでいた本，僕に貸してくれないかな？」

☐ 「あっ，ごめん。(2)まだ読み終わってないんだ。あと 2，3 日かかりそうだから，別の人に当たってみたほうがいいと思うよ。」

出 題 の 分 類

① 長文読解　　　　　④ 和文英訳

② 会話文読解・資料読解　⑤ 語句補充

③ 長文読解

時　　間：50分
目標点数：80点

1回目	/100
2回目	/100
3回目	/100

▶ 解 答 ・ 解 説 は P.109

① 次の英文を読んで，あとの各問いに答えなさい。

When I arrived, *Marley was inside the house. { a } the first time in thirteen years, he didn't get up when he saw me.

I called the animal doctor.

"Bring Marley here now," a young woman doctor said.

"Marley has to go to the hospital," we told the children. "(A)【 to / better / make / the doctors / to / are / try / him / going 】. But he's very sick." { b } *Jenny's help, I put Marley into the back of the car.

At the hospital, I helped him out of the car and took him inside. The young doctor took him away. Then she came back and showed me some pictures of the inside of Marley's stomach.

"I'm very sorry," she said quietly. "《 1 》."

"I understand," I said. "Can I say goodbye to him, please? "

"Yes, of course," she said. "《 2 》."

Marley was asleep. I got down next to him and ran my fingers through his *fur. I held up each ear in my hands. I opened his mouth and looked at his teeth. Then I held up his front *paw.

"I want you to understand something, Marley," I said. "Sometimes we called you the world's worst dog. But you're not. We never told you ① this before ... but you're a great dog, Marley. A great dog."

I sat with Marley for a long time. Then I called the doctor.

"I'm ready now," I said.

I held Marley's head and the doctor gave Marley something. It didn't hurt him. He died quietly.

"I want to take Marley home," I said.

Two people brought a large black bag out to my car. Then I thanked the doctor and drove away. When I got home, the children were { c } bed. I put my arms around Jenny and we cried for a long time.

The next morning, Jenny told the children about Marley. They were very sad and started to cry.

"It's OK," I said. "When you have a dog, ② this always happens. Dogs don't live as long as people."

*Conor made a picture and wrote a letter for Marley:

To Marley. I loved you all my life. You were always there when I wanted you. Your brother, Conor Richard Grogan.

*Colleen made a picture of a girl with a big yellow dog. She wrote under the picture: *I will never forget you, Marley.*

I found a very good place for Marley, in the ground under two big fruit trees. I put the black bag in the ground, and Jenny and the children watched. After I finished, everybody said, "《　3　》."

Marley was my dog for thirteen years. He wasn't an *obedient dog, but he was important in my life. I wanted to tell other people about him, so I wrote about him in my newspaper.

Nobody called Marley a great dog ... or a good dog, I wrote. He was wild and crazy. He chewed things, and he wasn't very *intelligent. But he understood people's feelings, and he was very good with children.

《　4　》. Because of him, I listened to my feelings. Because of him, I enjoyed winter sunlight, and the snow and a walk in the woods. Because of him, I can be a good friend.

A dog can show us ③the important things in life. A dog isn't interested in fast cars or big houses or expensive clothes. Give a dog your love, and he will give you his.

Many people read about Marley in the newspaper. Animal lovers called me and wrote to me. They wrote to me about their love for dogs. They wrote about their feelings when their dogs died.

Many people wrote funny stories about their dogs. Some people wrote, "Marley wasn't the worst dog in the world. 《　5　》!" I began to feel better.

I took the letters home and showed them { d } Jenny. She laughed, too. (B)【 many / life / a / easier / in / without / dog / was 】ways. The house and the *yard were clean. We could enjoy going out to dinner. But something about our family wasn't right.

(注)　Marley　マーリー(犬の名前)　　Jenny　ジェニー(筆者の妻の名前)　　fur 毛　　paw 動物の足

　　　　Conor　コナー(筆者の子どもの名前)　　Colleen　コリーン(筆者の子どもの名前)

　　　　obedient　従順な　　intelligent　知的な　　yard 庭

☐　問1　{ a }～{ d }に入る最も適切な英語を次のうちからそれぞれ選び，記号で答えなさい。ただし，文頭にくる語も小文字で示してある。同じものを二度以上使ってはいけない。

　　　ア　with　　イ　for　　ウ　of　　エ　in　　オ　to

☐　問2　《1》～《5》に入る最も適切な英語を次のうちからそれぞれ選び，記号で答えなさい。

　　ア　We love you, Marley
　　イ　Have as much time with him as you want
　　ウ　A person can learn a lot from a dog
　　エ　We can't do anything for Marley now
　　オ　My dog's the worst dog in the world
　　カ　He eats everything — flowers, pens, and letters

□　問3　(A), (B) の【　】内の語(句)を正しく並べ換えなさい。ただし，文頭にくる語も小文字で示してある。

□　問4　下線部①の指す具体的な内容を日本語で説明しなさい。

□　問5　下線部②の理由を日本語で説明しなさい。

□　問6　下線部③の具体的な内容として適切でないものを次のうちから 1 つ選び，記号で答えなさい。
　　ア　自分の心の声に耳を澄ますこと
　　イ　強い意志を持って生きること
　　ウ　愛や友情を育てること
　　エ　自然の中の生活を楽しむこと

□　問7　次の英文のうちから本文の内容に合うものを 2 つ選び，記号で答えなさい。
　　ア　The writer thought Marley wasn't always a good dog, but he loved him.
　　イ　People sometimes don't live as long as dogs.
　　ウ　Marley was a wise, quiet, and great dog.
　　エ　As the writer wanted to make Marley famous, he wrote about him in his newspaper.
　　オ　The writer thanked the animal doctor because he helped Marley.
　　カ　The writer was able to share his feelings about his dog with other people.

2 次のブラウン先生とユキの会話を読んで，あとの各問いに答えなさい。

Mr. Brown: Hi, Yuki. How was your winter vacation?

Yuki: It was great. I went to Nagano with my family to see my grandparents. How about you?

Mr. Brown: I went to a shrine with my family for "*Hatsumoude*." I lost my wallet on the way, but someone took it to the police station for me. I was so happy.

Yuki: Wow, you are lucky! I remember someone once said, "If you lose money in Tokyo, you will probably get it back." I wonder (1)[ア　much　イ　police stations　ウ　taken　エ　is　オ　to　カ　how　キ　lost money] every year.

Mr. Brown: We can probably find that information on the Internet. Let me see... Yuki, look! Over 3 billion yen was taken to police stations in 2016, and nearly 75% of it was returned to the owners.

Yuki: Really? It's hard to believe that much money was found and returned!

Mr. Brown: Oh, this is really interesting... it seems many other things are also taken to the police. I wonder which item was taken to the police the most?

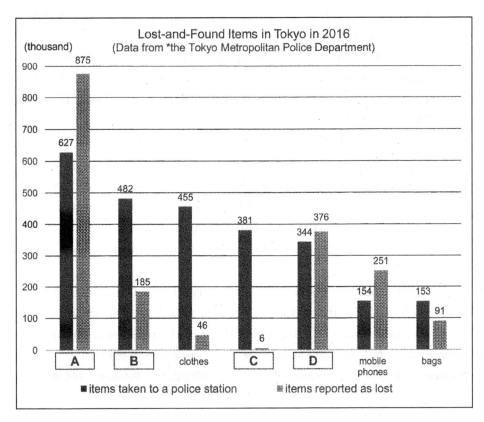

Lost-and-Found Items in Tokyo in 2016
(Data from *the Tokyo Metropolitan Police Department)

■ items taken to a police station　　▨ items reported as lost

Yuki: Um... a wallet? People keep a lot of important things inside their wallets.

Mr. Brown: Well, maybe. Let's take a look at this chart. The bar on the right shows the number of items that were reported as lost by the owner, and the bar on the left shows the number of items that were found and taken to the police.

Yuki: Oh, wallets and purses were the fifth most *common item to be taken to the police, but they were the second most common to be reported as lost. What are "documents"? They are ranked the highest for both items taken to the police and items reported as lost.

Mr. Brown: Documents mean things (　①　) a passport, a driver's license or an *insurance card.

Yuki: I see... What are "IC cards"?

Mr. Brown: Oh, you know, things (　①　) a credit card or a train pass. They were the second most common item to be taken to the police, but only fourth on the list of items reported as lost.

Yuki: It's interesting that nearly 400,000 umbrellas were taken to the police, but less than two percent of the owners reported them lost.

Mr. Brown: Clothes are kind of the same as umbrellas. Over (2) 450,000 clothes were taken to the police, but only about (　②　) % of them were reported as lost. Most people must think that because clothes and umbrellas are not so expensive, it is easier to let them go. Some experts say it shows that Japanese people are losing their sense of "*mottainai*."

Yuki: That's too bad. However, mobile phones are different. (　③　) mobile phones were reported as lost than those taken to the police.

Mr. Brown: That's interesting. We use smartphones every day, so if we lose them, many people will notice quickly and report it to the police.

Yuki: I can't imagine my life without a smartphone.

Mr. Brown: That is why it is important that we *pay attention to our *belongings all the time.

Yuki: Yeah, I think you should be more careful next time, Mr. Brown.

Mr. Brown: Well, at least if you lose something in Tokyo, you could be lucky like me, as someone will probably take it to the police station for you!

（注）　common　よくある　　the Tokyo Metropolitan Police Department　警視庁

insurance card　保険証　　pay attention to ～　　～に注意を払う　　belonging　持ち物

☐ 問1 下線部 (1) の [ア much イ police stations ウ taken エ is
オ to カ how キ lost money] を意味が通るように並べ換え，[　　] 内で3
番目と6番目にくる記号を答えなさい。

☐ 問2 下線部(2)の 450,000 の読み方を英語で答えなさい。

☐ 問3 本文中に2ヵ所ある(①)に入る最も適切な語を選び，記号で答えなさい。
ア among　　イ near　　ウ by　　　エ like

☐ 問4 (②)に入る最も適切な数字を選び，記号で答えなさい。
ア 10　　　イ 20　　　ウ 30　　　エ 40

☐ 問5 (③)に入る最も適切な語を選び，記号で答えなさい。
ア More　　イ Less　　ウ Much　　エ Few

☐ 問6 本文中のグラフの A ～ D に入る最も適切なものを次のうちからそれ
ぞれ選び，記号で答えなさい。なお，それぞれの記号は一度しか使えない。
ア ameras　　イ wallets & purses　　ウ documents　　エ IC cards
オ umbrellas

3　次の英文(アメリカにある大学の学生新聞に掲載された手紙)を読んで，あとの各問いに答えなさい。

Dear Editor:

I am a twenty-seven-year-old student from Vietnam. My purpose in coming here is to get a business degree. I am very grateful to have the chance to get an education in a country of such great business leadership. However,　① I am tired of the questions that people ask me something about my personal life. American students seem to think that their way of dating romantically before marriage is the only way, but I disagree. Let me give you an example from my own life.

② My parents have been married since for thirty-five years. Their marriage has all the characteristics of a happy one: deep friendship, love, and trust. They have six children, and I am the second son. Because of their help, I am able to study in the United States. They have always worked hard to raise their children in the right way. ③ When I will finish my degree, I'll go back to my country and help them.

American people are always surprised when ④ I tell them whom my parents met for the first time on their wedding day. Americans can't believe that such a marriage could be happy, but I have seen my parents with my own eyes. They love each other faithfully, and ⑤ they are proud in the children that their marriage has produced. They learned to love each other slowly, as time passed. I believe they share a true and everlasting love.

When people ask, "Are you looking for a girlfriend?" I tell them no. For me, studying comes first. When I go back to my country and start working, my parents will help me find a good wife. ⑥ She will be someone with a good family background, someone I can't trust.

I want a peaceful, happy life just like my parents have. Why can't Americans understand this?

Paul Nguyen

□　問1　下線部①〜③には，それぞれ文法上あるいは文脈上不要な1語が含まれている。その語を抜き出しなさい。

□　問2　下線部④〜⑥には，それぞれ文法上あるいは文脈上不適切な1語がある。その語を抜き出しなさい。

4 次の対話を読んで，それぞれの空所に，[　]内に示した日本語の意味を表す英語を書きなさい。

□ (1)　A：Let's go to Ueno to see the pandas next Sunday.
　　　　B：Sure. ＿＿＿＿＿＿＿＿＿＿＿＿＿＿＿
　　　　　　　　[ずっと見たかったの。]

□ (2)　A：Yesterday, I visited Mamoru's house. It was huge. ＿＿＿＿＿＿＿
　　　　　　　　　　　　　　　　[いくつ部屋があるか知ってるかい。]
　　　　B：I know. Ten!

□ (3)　A：You are going to Okinawa next week. Are you excited?
　　　　B：Yes, but ＿＿＿＿＿＿＿＿＿＿＿＿＿＿＿.
　　　　　　　　[その前にすることがたくさんあるんだ。]

□ (4)　A：Have you ever been to Tokyo Dome?
　　　　B：Yes. ＿＿＿＿＿＿＿＿＿＿＿＿＿＿＿
　　　　　　　　[ここから歩いて1時間くらいかかったよ。]

5 次の空所にア～ソから語を選び，イディオムを完成させ，記号で答えなさい。ただし，同じ語を何度使用してもかまわない。なお，文頭の語も小文字になっている。

□ (1)　Something that is （ ① ）（ ② ）（ ③ ） is not modern and no longer useful.

□ (2)　When you do something （ ④ ）（ ⑤ ）（ ⑥ ）, you do it before you do anything else.

□ (3)　（ ⑦ ）（ ⑧ ） is used to show that other people probably already know what you are saying is true, or expect to hear it.

□ (4)　If something happens （ ⑨ ）（ ⑩ ）（ ⑪ ）, it happens suddenly when you are not expecting it.

□ (5)　（ ⑫ ）（ ⑬ ） means 'most importantly' or 'more than anything else'. You use it to call attention to something that you most want people to note.

ア　at　　　イ　after　　ウ　from　　エ　of　　　オ　to
カ　all　　　キ　first　　ク　right　　ケ　one　　コ　above
サ　once　　シ　out　　　ス　course　セ　date　　ソ　time

1　次の英文を読んで, あとの各問いに答えなさい。

I will never forget Friday, May 10th. It was the most difficult day of my life so far. It didn't start that way. Everything was ① . I went to school. I ate my lunch. I had gym. And then I walked home from school with Jimmy Fargo. We planned to meet at our special rock in the park after we changed our clothes.

In the elevator, I told Henry I was glad that summer was coming. Henry said he was too. When I got out at my floor I walked down the hall and opened the door to my apartment. I took off my jacket and hung it up. I put my books on the hall table next to my mother's bag. I went straight to my room to change my clothes and see Dribble.

The first thing I noticed was my bedroom door. It was open. I ran inside. I ran to my desk to check Dribble. He wasn't there! His glass case with the rocks and water was there — but Dribble was not.

I got really scared. I thought, maybe he died while I was at school and they haven't told me yet. So I ran into the kitchen and shouted, "Mom … where's Dribble?" My mother was baking something. My brother was sitting on the kitchen floor and hitting pots with a big spoon.

"Be quiet!" I shouted at Fudge. "That's too noisy."

"What did you say, Peter?" my mother asked me.

"I can't find my baby turtle. Where is he?"

"You mean he's not in your room?" my mother asked.

I shook my head. "Oh, dear!" my mother said. "I hope ② . Dribble's not clean. You check here in the kitchen, and I will look in the bedrooms."

My mother hurried out. I looked at my brother. He was smiling. "Fudge, where is Dribble?" I asked calmly.

Fudge kept smiling.

"Did you take him?" I asked.

Fudge laughed, and covered his mouth with his hands.

I shouted, "Where is he? What did you do?"

There was no ③ Fudge. He started hitting the pots with the spoon again. I pulled the spoon out of his hand. I tried to speak softly. "Where is my turtle? Just tell me. I won't be angry if you tell me."

Fudge looked up. "In here," he said, and he pointed to his ④ .

I started to worry more. "How did he go in there, Fudge?"

Fudge stood up. He jumped up and down, and sang, "I ATE HIM ... ATE HIM ... ATE HIM!" Then he ran out of the room.

My mother came back into the kitchen. "I can't find (1)<u>him</u> anywhere," she said.

"FUDGE ATE DRIBBLE!" I shouted.

"Don't be silly, Peter," she said. "Dribble is a turtle."

"HE ATE HIM!" I said.

"Peter Warren Hatcher! Don't say that!" Mom was angry with me.

"Well, ask him. Go ahead and ask him," I told her.

Fudge was sitting on a pot with a big smile on his face. My mother picked him up and hugged him. "Fudgie," she said to him, "tell Mommy. Where's your brother's turtle?"

"Inside me," Fudge said.

"You're telling a joke ... right?"

"No," Fudge said.

My mother became very pale. "You really ate your brother's turtle?"

Big smile from Fudge.

"YOU MEAN THAT YOU PUT HIM IN YOUR MOUTH AND CHEWED HIM UP LIKE THIS?" Mom moved her teeth up and down.

"No," Fudge said.

⑤ , "Of course you didn't. It's just a joke." She put Fudge down.

Fudge smiled again. "No chew. No chew. I ate the turtle ... gone turtle. In stomach."

My mother and I looked at Fudge.

"You didn't!" Mom said.

"Did so!" Fudge said.

"No!" Mom shouted.

"YES!" Fudge shouted back.

"Yes?" Mom asked weakly. She held a chair with both hands.

" ⑥ " Fudge shouted.

My mother picked up my brother again. "Oh no! My little boy! My precious baby!"

My mother didn't stop to think about my poor turtle. She held Fudge and ran to the phone. I followed. She made a phone call and cried, "Help! This is an emergency. My baby ⑦ ... No, don't laugh! Send an ambulance right away. 25 West 68th Street."

Mom put the phone down. She didn't look well, and she was crying. I couldn't understand it. She put Fudge down again.

"Help me, Peter," Mom said. "(2)[ア　me /イ　cover /ウ　something /エ　him /
オ　get /カ　warm /キ　to].". I ran into the bathroom and took some towels. Fudge
was running around. He had a silly smile on his face. I felt like hitting him. Why
was he looking so happy? He had my turtle inside him.

I delivered the towels to my mother. She put the towels around Fudge and ran
with him to the front door. I followed, after getting her bag from the hall table. I
thought she would be glad to have (3)it with her at the hospital.

Out in the hall I pushed the elevator buzzer. We had to wait a few minutes. Mom
walked up and down in front of the elevator. Fudge was in her arms and she kept
kissing and hugging him. Mom looked worried and Fudge looked happy, but all I
could think of was ⑧ .

I watched them and both of them got into the ambulance and it went away. I
walked back to my room. Tears came to my eyes when I looked at Dribble's empty
glass case.

And then ... from behind the case, Dribble walked out. He was fine.

□　問1　空所 ① に入る最も適切な語を次のうちから選び，記号で答えなさい。
　　ア　normal　　イ　strange　　ウ　useful　　エ　unusual

□　問2　空所 ② に入る最も適した語句を次のうちから選び，記号で答えなさい。
　　ア　Fudgie doesn't hit him
　　イ　Jimmy Fargo finds him
　　ウ　he's not in here
　　エ　he's quite all right

□　問3　空所 ③ に入る最も適した語句を次のうちから選び，記号で答えなさい。
　　ア　answer from　　イ　need for　　ウ　idea of　　エ　information on

□　問4　空所 ④ に入る最も適切な語を次のうちから選び，記号で答えなさい。
　　ア　hand　　イ　hat　　ウ　shirt　　エ　pocket　　オ　stomach

□　問5　下線部(1)が指す最も適切な語を次のうちから選び，記号で答えなさい。
　　ア　Jimmy　　イ　Peter　　ウ　Fudge　　エ　Henry　　オ　Dribble

□　問6　空所 ⑤ に入る最も適した語句を次のうちから選び，記号で答えなさい。
　　ア　Mom turned to me
　　イ　Fudge suddenly began to cry
　　ウ　Jimmy Fargo opened the door
　　エ　A smile came to my mother's face

□　問7　空所 ⑥ に入る最も適切な語を次のうちから選び，記号で答えなさい。
　　ア　Yes!　　イ　No!　　ウ　Why?　　エ　Can't!

□ 問8　空所　⑦　に入る適切な3語を，文章の流れに合うように英語で答えなさい。

□ 問9　下線部(2)が意味の通る英文になるように[　　　]内の語を並べ換えて，以下の
　　　　A　～　C　に入るものの記号をそれぞれ答えなさい。ただし，文頭の語も小
　　　　文字で示してある。
　　　　[＿＿＿　A　＿＿＿　B　＿＿＿　C　＿＿＿]
　　　　ア　me　　イ　cover　　ウ　something　　エ　him
　　　　オ　get　　カ　warm　　キ　to

□ 問10　下線部(3)が表す最も適切なものを次のうちから選び，記号で答えなさい。
　　　　ア　towel　　イ　bag　　ウ　turtle　　エ　spoon　　オ　phone

□ 問11　空所　⑧　に入る最も適切な語を次のうちから選び，記号で答えなさい。
　　　　ア　Jimmy　　イ　Dribble　　ウ　Fudge　　エ　Henry

2 次の英文を読んで，あとの各問いに答えなさい。

Of the eight Hawaiian Islands, Niihau and Kahoolawe are the smallest. These islands are quite unlike the others — (あ). Both islands, for different reasons, have had no tourists at all for many years.

Niihau is located just 17 *miles off the west coast of the island of Kauai. It is very small—18 miles long and six miles wide. Niihau is owned by one family, the Robinsons, who bought the island in the 1860s from *King Kamehameha IV of Hawaii. They started a large *ranch to raise cows and sheep on the island and they still have and run it today. The Robinsons do not allow any uninvited visitors on the island and so it is a completely closed island.

About 230 people live on Niihau—95 percent of them Hawaiian and five percent Japanese. Most of the people live and work on the ranch, where there are no telephones, electricity, or television. The people use two-way radios to communicate and they use horses for transportation. There is an elementary school, but the children must go to Kauai for high school. The official language of the island is Hawaiian.

(い) this small population, Hawaiian traditions are still strong, stronger than anywhere else. While, on the other islands, Hawaiians now have a different, modern lifestyle, life on Niihau has changed (①). For this reason, some people want to keep the island the same. But others feel that <u>this</u> is not right. Life is difficult on Niihau, and the people there have (②) choices about their lives. Many Hawaiians feel that it is not right for one family to own and control a whole island.

Kahoolawe, (う) "mystery island," does not have anyone living on it today. The smallest of the Hawaiian Islands, it is just 11 miles long and six miles wide. It is located seven miles south of the island of Maui.

Kahoolawe has not always been so (え). In past centuries, Hawaiians lived there and used the island for religious ceremonies. Then, in 1918, a man from Scotland rented the island to start a ranch for cows and sheep. Before long, however, he and everyone else had to leave. *The United States Navy took over the island as a practice area for bombing. Navy planes bombed the island regularly.

Hawaiians were not happy about this situation. They wanted to return to Kahoolawe, to use it for their religious ceremonies. A group called "Ohana" worked with the government to make this happen. Now, the island has been returned to the Hawaiian people. It will not be bombed anymore, and all of the old bombs will be removed. In the near future, it will be, again, a place for special Hawaiian religious and cultural activities.

For Hawaiians, both Niihau and Kahoolawe raise important questions. (お)

The two islands with different backgrounds make them think about how they should live in their unique island paradise.

(注)　mile　マイル(1マイル＝約1.6 km)

　　　King Kamehameha IV of Hawaii　ハワイ国第4代王 カメハメハ4世(1834-1863)

　　　ranch　牧場　　the United States Navy　米国海軍

問1　空所(あ)～(え)に入る最も適切なものを次のうちからそれぞれ選び，記号で答えなさい。

☐　空所(あ)　ア　Hawaiian culture has been lost on both islands
　　　　　　　イ　no one lives on these two islands anymore
　　　　　　　ウ　they do not have hotels or resorts for tourists
　　　　　　　エ　tourists can't enter the islands without guides

☐　空所(い)　ア　Among　　イ　Between　　ウ　By　　エ　Under
☐　空所(う)　ア　and other　イ　another　　ウ　other　　エ　the other
☐　空所(え)　ア　crowded　　イ　empty　　　ウ　famous　　エ　noisy

☐　問2　空所(①)，(②)に入る最も適切なものを次のうちからそれぞれ選び，記号で答えなさい。それぞれの語は一度のみ使えるものとする。

　　　　ア　few　　イ　little　　ウ　many　　エ　much

☐　問3　第4段落の下線部の this が指す内容を10字以内の日本語で答えなさい。

☐　問4　前後の文脈から考えて，空所(お)に入れるものとして最もふさわしくない文を次のうちから選び，記号で答えなさい。

　　　ア　Should Hawaiians let non-Hawaiians control their islands?
　　　イ　Should they build high schools on both islands?
　　　ウ　Who should decide about how to use these islands?
　　　エ　Who should the islands really belong to?

☐　問5　本文の内容に合うものを次のうちから2つ選び，記号で答えなさい。
　　　ア　Many Hawaiians don't think that the Robinsons should own the whole island of Niihau.
　　　イ　Tourists don't visit Niihau because life there is too inconvenient.
　　　ウ　Niihau and Kahoolawe each have their own reasons for not having tourists.
　　　エ　Right after the island was returned, people who live on Kahoolawe started to have religious ceremonies there again.
　　　オ　When the United States Navy came to Kahoolawe, only a man from Scotland was allowed to stay there.

3 次の英文の内容に合うように，(1)～(8)に入る最も適切な語を語群の中からそれ
□ ぞれ1つ選び，必要があれば適切な形に直して答えなさい。ただし，語群の語は1
度ずつしか使えない。

I was in my second year of living in Tokyo. I thought I was a real expert in Japanese etiquette and culture.

I knew that I had to push gently onto the subway cars. I knew that I shouldn't (1) eye contact with people. I knew that blowing my nose loudly, "American style", was very rude. And I knew that I shouldn't talk to people on the subway. That wasn't a problem because my Japanese wasn't that good.

But one day, I was riding home from work on the subway, and I remembered that I (2) to call a friend about meeting for dinner.

I took out my cell phone and called her. Of course, if you know the Tokyo subway, you know that there are "no cell phone" signs everywhere. But I also (3) that many passengers used their phones on the subway. I thought that the no cell phones rule in Japan was like the no food rule on the New York City subway. It's a rule, but no one (4) it, and no one enforces it.

As I was talking, other passengers looked at me sideways like Japanese people do when they think you are being rude. One elderly woman (5) her head and looked straight at me.

I finished my conversation, and I got off the train. I was very (6). Japanese people use their phones. Why can't I do the same? I asked myself.

Later that evening, I told my friend about the experience. She smiled. "The rule is no (7) on cell phones," she said. "The others are all text messaging or playing games on their phones. Occasionally they whisper a very short message to someone on a cell phone. But they never have whole conversations on their phones in the subway."

I was embarrassed. I still had a lot to (8). Even though I knew a lot of Japanese habits, I was still American.

[confuse / follow / learn / make / need / notice / shake / take / talk]

4　次の英文には下線部(ア)～(エ)のいずれかに誤りがある。誤りを含むものを記号で答えなさい。

□　(1)　(ア)<u>Our school has</u> (イ)<u>a pool big</u> enough for (ウ)<u>the whole class</u> (エ)<u>to swim</u> at the same time.

□　(2)　(ア)<u>Even a child</u> (イ)<u>knows</u> (ウ)<u>no other mountains</u> in Japan is (エ)<u>as high as</u> Mt. Fuji.

□　(3)　(ア)<u>People often say</u> that　(イ)<u>an only child</u> can't think about　(ウ)<u>another people</u> because he or she (エ)<u>is raised with</u> too much care.

□　(4)　When I was (ア)<u>younger</u>, I (イ)<u>was often told</u> (ウ)<u>find</u> the things (エ)<u>that would be</u> important in the future.

出 題 の 分 類

1 長文読解   4 語句補充

2 長文読解

3 長文読解

時　　　間：50分
目標点数：80点

1回目	／100
2回目	／100
3回目	／100

▶ 解答・解説は P.123

---

1 次の英文を読んで，あとの各問いに答えなさい。

"Tenugui" are a type of traditional Japanese towel. They can be used in various ways other than just drying your hands or body. They come in a variety of [ア]**patterns**, sometimes funny, sometimes traditional, and in different colors, so they are also fun to collect and to look at. They are not so expensive and can be bought all over Japan, not just in special stores but also in souvenir corners or museum shops.

They are a bit different from Western towels. These traditional Japanese [イ]**fabrics** are thin and [A]**absorb** large amounts of water. The ends are cut without being [ウ]**weaved** to help the cloth dry more quickly. In addition to that, they draw heat when they dry, so a tenugui cloth can be a great [B]**substitute** for a handkerchief or towel, especially in summer.

You can find a great number of tenugui that come in traditional Japanese patterns and designs in front of shops. Often, the patterns are carefully hand-[エ]**dyed** by craftspeople using a technique called *tenasen*. In this technique, paints of different colors are used for each pattern.

The manager of one shop explains there are more than 1,000 patterns, [オ]**ranging** from the traditional to recently created designs. "Some customers enjoy hanging a different tenugui at the entrance to their home every month, and I really recommend that, too, to give your home some brightness," she adds.

As she recommends, tenugui have become popular as [C]**ornaments** recently, and are sometimes hung beautifully in picture frames. "If you buy a tenugui because of its beauty, try using it as a handkerchief, a tablecloth or to clean your shoes after enjoying it as an ornament, until it [D]**wears**," she says.

Tenugui are like [E]**versatile** actors, as they are thinner and less [カ]**bulky** than handkerchiefs. Also, they are larger and longer, so you can find a lot of interesting ways to use them with a little [F]**ingenuity**. You can wrap your neck with them to keep warm when you feel cold outside in winter or when the air-conditioner is too strong in summer. When riding a motorcycle, wrapping your head with a tenugui inside your helmet helps you to stay [キ]**comfortable**.

It is said that tenugui were already in use during the Nara period. At first, they were quite expensive, but during the Edo period [G]**common** people started using them as well. Now they are used for various purposes, sometimes as aprons or bandannas.

After the Meiji period, Japan tried to learn the Western way of life, and the use of Japanese tenugui became much less common. They seemed to be largely forgotten. However, in recent years, people have once again realized the convenience and beauty of tenugui. More and more stores have started selling them in the past 10 years or so. As the number of foreign visitors increases, they have become popular not only as daily goods but also as souvenirs.

Since some cloths are fine and others are ^[ク]**coarse**, tenugui can be ^[H]**divided** into several types. As you can imagine, it is very difficult to make thin lines or images of small objects on the tenugui if the cloth is coarse. On the other hand, you can easily create delicate patterns on fine cloths.

Today, tenugui is produced in two different ways. The traditional way is called *chusen* and it uses paper to give color to the cloth. Since the paint ^[I]**infiltrates** the cloth, the patterns appear on both sides. When the tenugui is used for a long period of time, the color fades, and this gives it a nice worn look.

The other way is printing. Printing can produce patterns and characters that are more delicate. Since the print is on just one side, the back side is a ^[ケ]**solid** color, and this is different from *chusen* tenugui.

If you compare it with *chusen* tenugui, printed tenugui can produce patterns or characters that are more ^[J]**detailed**, as this technique uses a silkscreen. A silkscreen, in short, is a kind of cloth in a frame. You draw up a design on this cloth and cut out ^[コ]**figures** to make holes. When ink or paint is forced through the screen, the liquid goes down through the holes onto another cloth, and this finally makes it into a tenugui. It seems like a form of art itself when solid white cloths, one after another, turn into beautiful tenugui.

□ 問1 本文中の[ア]〜[コ]に相当するものを次のうちから選び, 番号で答えなさい。 動詞については現在形の 意味で載せてある。

1	一様の	2	選ぶ	3	及ぶ	4	快適な
5	かさばる	6	加熱する	7	きめの粗い	8	高価な
9	人物画	10	図形	11	製法	12	染色する
13	縫う	14	布地	15	派手な	16	模様

□ 問2 本文中の[A]〜[J]の意味として適切なものを次のうちから選び, 番号で答えなさい。動詞については 現在形の意味で, 名詞については単数形で載せてある。

1 able to do many different things

2 appearing everywhere or very often

3 to become thinner or weaker because of continued use over time

4　to cover with clothes

5　to describe fully

6　goods for sale

7　handsome and liked by many

8　to make in an artificial way

9　a material to make products

10　an object used to make something look better

11　ordinary, without power

12　to pass into or through

13　to separate into two or more parts or pieces

14　a skill that allows someone to solve problems or invent things

15　to take in something

16　a thing that takes the place of something else

2　次の英文を読んで，あとの各問いに答えなさい。

Every creature in nature, from the smallest single-cell organism to a human being, plays a role in how *ecosystems work. If one *species becomes ①(　　　), species throughout the world may be *affected.　ア

Every living thing is food for another living thing. A food chain shows the order in which living things are eaten by other living things in an ecological community. Each member of the food chain passes on energy and *nutrients to the next member.　イ

Within each food chain, there are predators and prey. Predators survive by eating other living things. A cat is a predator. It feeds on smaller animals such as birds and mice. These animals are the cat's prey.　ウ

Each species *occupies a certain position in a food chain, but a species may be in different positions in different food chains. For example, a fish might be at the top of one food chain that shows smaller insects being eaten by larger insects, and larger insects being eaten by the fish. But the fish might be at the ②(　　　) of another food chain in which seals eat fish, and polar bears eat seals.　エ

Food chains are made up of producers, consumers, and decomposers. Producers are capable of making their own food. They are often at the ②(　　　) of a food chain. Green plants are our most important producers. They use a combination of sunlight, minerals, and gases to produce food within themselves.

Consumers are creatures that can't produce food within themselves. They have to eat other living things or food made by other things. There are three types of consumers: herbivores, carnivores, and omnivores. Herbivores eat plants. Carnivores eat meat. Omnivores eat both plants and meat. Humans are an example of omnivores, although some humans choose not to eat meat.

　Decomposers break down *organic compounds in dead animals. They release raw materials, such as *carbon dioxide, back into the environment. Fungi and bacteria are important decomposers.

　Food chains are part of larger groupings called food webs. Some animals eat many kinds of plants and animals, and these animals may be eaten by several kinds of larger animals. They are parts of many different chains. These chains can be connected by a food web, which gives a more complex and *accurate picture of the feeding relationships in nature.

　(注) ecosystem(s) 生態系　　species （分類上の)種　　affected[affect] 影響する

　　　 nutrient(s) 栄養物　　occupies[occupy] 占める　　organic compound(s) 有機化合物

　　　 carbon dioxide 二酸化炭素　　accurate 正確な

□　問1　下線部①の（　　）に入る最も適切な語を次のうちから選び，記号で答えなさい。

　　　ア　empty　　イ　efficient　　ウ　exciting　　エ　extinct

□　問2　次の英文が入るのに最も適切な場所を ア ～ エ から選び，記号で答えなさい。

　　　For example, an earthworm may be food for a *robin, and a robin may be food for a cat.

　　　（注）　robin　ロビン（鳥の一種）

□　問3　下線部②の（　　）に共通して入る1語を答えなさい。

□　問4　次の図は草原の生態系における food chain を簡単に表したものである。A～Dのように分類したとき，それぞれにあてはまるものを本文に即して【語群】ア～オから1つずつ選び，記号で答えなさい。

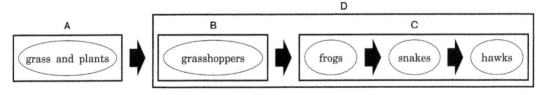

【語群】

　　　ア　carnivores　　イ　consumers　　ウ　decomposers

　　　エ　herbivores　　オ　producers

問5　本文の内容に一致するものには○，一致しないものには×と答えなさい。

□　（1）　Birds and mice are the cat's predators.

□　（2）　Some predators may be prey in different food chains.

□　（3）　Food webs include various kinds of food chains.

3 次の英文を読んで，あとの各問いに答えなさい。

It is nearing *dusk. The man has finished his day's labor; he is a *plumber. Today he was working at a construction site, and his shift has ended.

Now he is sitting in the dining room of Mrs. Patricia Lord, in Cicero, Illinois. Mrs. Lord and the man are *bending over a list of words.

"Can you try these now?" Mrs. Lord says.

"Yes," the man says.

He looks at the top word on the list. The word is *is*.

"Is," the man says.

"Yes," Mrs. Lord says.

The next word on the list is *brown*.

The man looks at it for a moment. Then he says, "Brown."

"Yes," Mrs. Lord says.

The next word is *the*.

The man touches the word with his hand. Then he says, "The."

"Yes," Mrs. Lord says.

The next word is *sleep*. The man *hesitates. Seconds pass. He is having trouble with this one.

Finally he says, "Play?"

"No," Mrs. Lord says. "Look at it again."

The man *stares. He says nothing. Then he says, " 1 "

"All right," Mrs. Lord says softly. "Skip it and come back to it later."

The man is fifty-five years old. He is trying to learn 2 . He is a large man who is *balding and wearing thick glasses; he bears a *resemblance to the actor Ernest Borgnine. His plumber's work clothes — denim overalls, a flannel shirt — are still on. Today, as he does twice a week, he has driven straight from work to Mrs. Lord's house. His hands are dirty from his day's labor. As he points to the words on the spelling list you can see that he has not had time to stop and clean up. It has been just over one year since he started coming to Mrs. Lord's house.

The next word on the list is *down*.

"Down," the man says with *confidence in his voice.

"That's right," Mrs. Lord says. "Very good."

The man — we will not name him here, because he doesn't want it — never learned to read as a child. His mother was sick and his father was an *alcoholic. The boy did not do well in school, and at the age of twelve he dropped out and began to work. Sometimes his mother would try to teach him something, but (3)his father, if he was drunk, would say, "What are you *bothering to teach him for? He doesn't know anything."

The man hid his secret through most of his life. He learned to be a plumber. He married and started a family. He didn't tell even his wife and children that he was not able to read. His wife did all the paperwork around the house, read all the mail, and handled all the *correspondence.

A year and a half ago, the man lost a job because he could not read. The company he was working for required each *employee to take a written test about *safety procedures. The man knew the rules, but could not read the questions. The company allowed him to take the test over, but he didn't have a chance. He couldn't *admit (4)the real problem.

Out of work, he panicked. He heard that a local community college was offering a nighttime course in reading improvement. He *enrolled. But as early as the first evening he realized that the course was meant for people who at least knew the basics of reading. After a few *sessions he approached the teacher after class.

"I know you can't read," the teacher said to him. (5)"If you'd like to keep coming just to see what you can pick up, it's all right."

Instead, the man went to a *dime store and bought a book called *Reading Fun* for ninety‑three cents. The book was designed for preschool‑aged children. On the pages of the book were simple, colorful pictures of ambulances and taxis and trucks with the *proper word for each picture. He looked at the pages and tried to teach himself. He couldn't.

[6], he sat down with his wife. "You know when I lost my job?" he said. And he told her he couldn't read.

Time went by. On television, he heard a public service *announcement about private *tutoring offered by the Literacy Volunteers of Chicago. He called up and explained about himself. The person on the other end of the line said that there were no *suitable volunteers *available at the moment. The man left his name.

Four months later, while he was out of the house, the literacy *organization called. When the man arrived back at home, his wife said she had some news for him.

"There's a teacher for you," his wife said. "Her name is Pat."

Patricia Lord, fifty-nine, remembers how the man was when he first showed up at her door.

"He was such a nice man," she said. "At first I didn't realize how deep his problem was. But it soon became clear — he didn't even know the alphabet."

So, twice a week, they started to work together. "He was so grateful," Mrs. Lord said. "I do this for free, but (7)he kept saying that if I ever wanted him to do any plumbing, even if it was an *emergency in the middle of the night, he would do it for nothing."

(注) dusk 夕暮れ　plumber 配管工　bend かがむ　hesitate ためらう　stare 見つめる
balding 髪が薄くなっている　resemblance 類似点　confidence 自信
alcoholic アルコール依存症患者　bother to わざわざ～する　correspondence 通信文書
employee 従業員　safety procedures 安全手順　admit 認める　enroll 入会する
session （共通の活動を行う）集まり　dime store 安物雑貨店　proper 適切な
announcement お知らせ　tutoring 個別指導　suitable ふさわしい　available 利用できる
organization 機関　emergency 緊急事態

□　問1　空所 1 に入れるのに最も適切なものを次のうちから選び，記号で答えなさい。
　　　ア　How about going out for dinner?　　　イ　Is it "All right"?
　　　ウ　I don't know what it is.　　　エ　Let's play some games.

□　問2　本文の内容に即して，空所 2 に入れるのに適切な3語を書きなさい。

□　問3　下線部(3)から推測できる父親の特徴として最も適切なものを次のうちから
　　　選び，記号で答えなさい。
　　　ア　母親と同様，父親はその男性に働いてほしいと思っていた。
　　　イ　母親とは違って，父親はその男性への教育に興味がなかった。
　　　ウ　その男性と同様，父親はお酒が好きであった。
　　　エ　その男性とは違って，父親は子供が好きではなかった。

□　問4　下線部(4)の内容を具体的に，20字以上30字以内の日本語で説明しなさい。
　　　ただし，句読点も文字数に含む。

□　問5　下線部(5)の発言の主旨を以下のように言い換えるとき，空所に適切な語を
　　　書きなさい。
　　　　It is OK to keep coming if you want to, but this course may be (　　　)
　　　(　　　) for you to understand.

□　問6　空所 6 に入れるのに最も適切なものを次のうちから選び，記号で答えな
　　　さい。
　　　ア　However　　イ　In addition　　ウ　For example　　エ　Finally

□　問7　下線部(7)の内容を説明するものとして最も適切なものを次のうちから選び，
　　　記号で答えなさい。
　　　ア　The man felt very thankful to Mrs. Lord, and he would do plumbing for
　　　　her anytime.
　　　イ　The man liked his job as a plumber very much, and he was proud of it.
　　　ウ　In order to support his family, working as a plumber was more important
　　　　to the man than learning to read.
　　　エ　The man told Mrs. Lord she should get money from him because she was
　　　　very kind to him.

□ 問8　本文の内容に一致するものを次のうちから2つ選び，記号で答えなさい。

　ア　Like Ernest Borgnine, the man wears denim overalls and a flannel shirt.

　イ　In order to learn to read, the man comes from work to Mrs. Lord without washing his hands and changing his dirty clothes.

　ウ　Mrs. Lord doesn't use the name of the man to call him because she doesn't know it.

　エ　The man couldn't teach the names of the pictures on a book called *Reading Fun* to his children.

　オ　The man's wife had to work because he lost his job, and she called the Literacy Volunteers of Chicago.

　カ　Mrs. Lord didn't understand what the man really had to do when she first met him.

4　次の(1)～(5)は，ある単語の定義とその例文です。それぞれの例文の(　　)にあてはまる語を適切な形で1語答えなさい。ただし，書き出しの文字が与えられている場合は，その文字で始まる語を答えること。

□　(1)　coming before all others in time or order

　　　The (　　　) boy to finish the difficult homework was John.

□　(2)　to ask somebody to come to a social event

　　　Thank you for (　　　) us for dinner.

□　(3)　to put or keep something out of sight

　　　He tried to (h-　　　) himself behind the door.

□　(4)　the system of communication in speech and writing that is used by people of a particular country or area

　　　What's the best way to learn a (　　　)?

□　(5)　a piece of special glass that reflects images, so that you can see yourself when you look in it

　　　She often looks at herself in a (　　　).

1 次の各組の英文がほぼ同じ意味を表すように, それぞれの(　　　)内に適切な1語
を入れなさい。

☐ (1) a) You must not leave the window open.
　　　 b) The window must not (　　　) (　　　) open.

☐ (2) a) You may cut yourself if you are not careful.
　　　 b) (　　　) careful, (　　　) you may cut yourself.

☐ (3) a) She felt sad because his manners were bad.
　　　 b) His bad manners (　　　) (　　　) sad.

☐ (4) a) You must try your best.
　　　 b) You must try as (　　　) as you (　　　).

☐ (5) a) I have never visited this town before.
　　　 b) This is (　　　) (　　　) visit to this town.

☐ (6) a) My brother likes to listen to music.
　　　 b) My brother is (　　　) of (　　　) to music.

☐ (7) a) I am free tomorrow.
　　　 b) I have (　　　) (　　　) do tomorrow.

☐ (8) a) My music player is out of order.
　　　 b) There is something (　　　) (　　　) my music player.

☐ (9) a) Tom decided to go abroad alone.
　　　 b) Tom (　　　) up his (　　　) to go abroad alone.

2 次の英文は, 筆者が引っ越し先のボリビアの首都ラパスでの出来事について, 友
☐ 人に宛てた手紙の一部である。空所に最もふさわしい語を下の選択肢より選び, 必
要であれば適切な形に直して, 1語で答えなさい。ただし, 同じ語は一度しか使え
ない。

give	come	tire	excite	wait	begin	get	worry

Hi, Sam!

I'm sorry for not writing to you for a while. My life in Bolivia is becoming like a real
adventure. It's getting more and more 　(1)　 every day. I love it!

I suppose I should ⬚(2)⬚ with a story about my favorite driver, Juan.

On Christmas Eve, I was away from La Paz. Then, I got news that my flight back to La Paz would be late, and I started to feel nervous and ⬚(3)⬚ because Juan was supposed to meet me at the airport. "Oh, no! Tonight is Christmas Eve, I don't want him to work too much. I will feel bad for his family." However, I didn't have his phone number, and there was no way to let him know about my late arrival. So, when I got back to the airport, I was sorry to see that he was ⬚(4)⬚ there for me. He was there for more than 5 hours! Surprisingly, he was not angry at all and said, "I am so glad that you came back to La Paz safely! Have a Merry Christmas!" I was really, truly sorry for him. His kindness was the best present I was ⬚(5)⬚ this Christmas. My heart was filled with thanks and happiness.

3 次の英文を読んで，あとの各問いに答えなさい。

When I was a boy in Natal, South Africa, there was a hunt each year in the Umzimkulu valley. A variety of wildlife lives in this valley－monkeys, deer and sometimes even a leopard－but with his speed, his intelligence and his strength, the gray bushbuck is the target all hunters want to shoot.

There was one bushbuck we called Graybeard, a large old male who year after year survived the hunt. I was ten years old when I first saw him, stepping proudly across a small field. His horns were long and sharp. His body was a deep gray. It was every hunter's desire to kill him, and from that day on (1)I could think of nothing else. I somehow felt that (2)shooting Graybeard would be a big step toward becoming a man.

My father had told me that I must wait until I was fourteen before I could go hunting, so I spent the next three years (3)worried that some other hunter would shoot my bushbuck. But Graybeard survived. Once he jumped the fence before the hunter could fire his gun. Once he hid behind other animals for (4).

The third year I watched him run from the dogs straight toward the hunters. I held my (5)breath as I waited for the shot. Then suddenly he turned back into the forest. (6)I[the dogs / him / running / heard / after] and I realized that he had escaped to safety.

The farmers spent all that evening (7)(talk) about Graybeard's amazing escape. (8), because next year I would be old enough to take my place as one of the hunters.

All through that year I had only one bright vision － the picture of myself, a young boy of fourteen, standing beside (9)the creature that had escaped the hunters for so long. On the day of the hunt I wanted to run straight to the valley at sunrise, but my father told me to eat breakfast first. "Graybeard will still be there," he said, pushing me down in my chair.

In the gray light of early morning we gathered in the valley. The best positions were (10)close to the tops of the hills, because bushbucks tend to climb in their effort to escape the hunting dogs. （ 11 ） my deep disappointment I was given a position down near the river. Then I heard my father, who had received a good place, say, "I'll change places with my boy. I'd like him to have a good place for his first hunt." As he walked past me he patted my shoulder. "Make sure that you get the old one," he whispered with a smile.

I ran up to the top of a hill and chose a large rock, hidden by trees. For a long time there was no sound. Then came the noise of the dogs.

First came a female bushbuck, hurrying past me, followed by a young one. I let them (12)(pass). Graybeard might be following, so I waited. Then a sudden movement caught my （ 13 ）. Not ten yards from me, Graybeard stepped out of the trees. The goal of my youthful life was right there, standing still before me. (14)I had only to fire the gun to bring him down.

However, (15)something made me hold my fire. The bushbuck had turned his head now, and his eyes, soft and wise, seemed to look right at me. (16)Every line of his body showed pride and strength, and I knew then that I could not destroy him. For several seconds he stayed right there, and then the wind carried my man-smell to him. In less than a second, he turned and was (17)(go).

When the hunt was over, my father came up the hill.

"(18)No luck?" he asked.

(19)I shook my head.

"That's funny," he said. "The boys noticed Graybeard coming this way, and none of the other hunters saw him."

I looked down at the ground. He walked toward the trees and stopped beside the deep marks the bushbuck had made in the earth. (20)I walked away, not able to look my father in the eye.

As we drove home, (21)the thought of old Graybeard being safe for another year gave me a thrill of pleasure. But my father remained silent. Finally he asked, "What happened, son?"

Shyly, I tried to tell him. I described Graybeard （ 22 ） I had seen him － strong and brave. I tried to explain why I could not shoot.

My father was silent for a moment and then he said slowly, "You've learned something today, son － something that many men live a lifetime without knowing." He put an arm around my shoulders. "You've learned compassion," he said softly.

問1　下線部(1)，(16)の内容を最も適切に表しているものを次のうちからそれぞれ選び，記号で答えなさい。

☐ (1)　I could think of nothing else
　　ア　Killing Graybeard was all I wanted.
　　イ　I wanted to shoot many animals.
　　ウ　I thought of hunting as nothing special.
　　エ　Seeing Graybeard again was one of my dreams.

☐ (16)　Every line of his body showed pride and strength, and I knew then that I could not destroy him.
　　ア　Graybeard was so strong that all I could do was to escape from him.
　　イ　Graybeard was so bright that I went blind for a moment and he ran away.
　　ウ　Graybeard looked so special that I felt I had to leave him alone.
　　エ　Graybeard was so beautiful that I learned the importance of animals.

問2　下線部(2)，(3)，(14)，(15)，(20)における主人公の気持ちを次のように表したとき，(　)に最も適切な語を書き入れなさい。なお，空所内に示された文字がある場合は，その文字で始まる語を書くこと。

☐ (2)　shooting Graybeard would be a big step toward becoming a man
　　= The boy thought, "Shooting Graybeard might make me feel that I'm no longer a (b　　)."

☐ (3)　worried that some other hunter would shoot my bushbuck
　　= The boy thought, "I don't want (a　　) else to shoot Graybeard."

☐ (14)　I had only to fire the gun to bring him down.
　　= The boy thought, "At (l　　), I can shoot Graybeard!"

☐ (15)　something made me hold my fire
　　= The boy thought, "I don't feel (　　) shooting Graybeard for some reason."

☐ (20)　I walked away, not able to look my father in the eye.
　　= The boy thought, "I can't look at my father directly because now he realizes that I told a (　　)."

問3　空所(4)，(8)，(11)，(13)，(22)に入る最も適切な語句を次のうちからそれぞれ選び，記号で答えなさい。

☐ (4)　ア mystery　　イ pride　　ウ strength　　エ protection
☐ (8)　ア I smiled　　イ I cried　　ウ I stood up　　エ I shouted
☐ (11)　ア For　　イ To　　ウ By　　エ On
☐ (13)　ア ear　　イ eye　　ウ nose　　エ leg
☐ (22)　ア that　　イ for　　ウ if　　エ as

問 4　下線部(5)，(10)の下線部の発音と同じ発音を下線部に持つものを次のうちから
　それぞれ選び，記号で答えなさい。

☐　(5)　br<u>ea</u>th
　　ア　m<u>ea</u>nt　　イ　pl<u>ea</u>se　　ウ　br<u>ea</u>k　　エ　ar<u>ea</u>

☐　(10)　clo<u>s</u>e
　　ア　advi<u>s</u>e　　イ　sen<u>s</u>e　　ウ　<u>s</u>ecret　　エ　<u>s</u>erious

☐　問 5　下線部(6)における【　　】内の語句を文意が通るように並べ換えて書きなさ
　い。

☐　問 6　下線部(7)，(12)，(17)の語を適切な形にしなさい。ただし，形を変える必
　　要がない場合はそのまま書きなさい。

☐　問 7　下線部(9)とほぼ同じ意味の英語 1 語を文中より抜き出して書きなさい。

☐　問 8　下線部(18)を次のように書き換えたとき，(　　)に最も適切な語を書き入れ
　　なさい。なお，空所内に示された文字で始まる語を書くこと。
　　(18)　<u>No luck?</u>
　　　　＝ Didn't you come (a　　　　) Graybeard?

☐　問 9　下線部(19)において主人公が伝えようとしていることを話し言葉で表したと
　　き，最も適切な語句を次のうちから選び，記号で答えなさい。
　　ア　"Yes."　　イ　"No."　　ウ　"So-so."　　エ　"No idea."

☐　問10　下線部(21)の内容を最も適切に表しているものを次のうちから 1 つ選び，
　　記号で答えなさい。
　　(21)　<u>the thought of old Graybeard being safe for another year gave me a thrill</u>
　　　　<u>of pleasure</u>
　　　　ア　Graybeard がもう 1 年生きているかと思うと，うれしい気持ちがこみ
　　　　　上げてくる。
　　　　イ　Graybeard が安全なのもあと 1 年かと思うと，ただ喜んでもいられな
　　　　　い。
　　　　ウ　Graybeard にまた来年会えるかと思うと，興奮して何も考えられない。
　　　　エ　Graybeard を 1 年間野放しにする原因が自分にあると思うと，恐ろし
　　　　　くなる。

☐　問11　この物語の主題となる英語 1 語を文中より抜き出して書きなさい。

☐　問12　本文の内容から判断して正しいと思われるものを次のうちから 2 つ選び，
　　記号で答えなさい。
　　ア　Graybeard had survived for many years, so every hunter wanted to shoot him.
　　イ　The boy always did what he was told to do by his father, so he had never
　　　seen Graybeard until the age of fourteen.

ウ　The local hunters wondered how Graybeard had escaped and were trying to find out who had given a helping hand to the animal.

エ　The boy's father gave his hunting place to his son because the father was not satisfied with it and wanted to find a better one.

オ　All the hunters saw Graybeard running in the direction of where the boy was and they knew that the boy would let Graybeard escape.

カ　The boy's father forgave his son for not shooting Graybeard because he had learned something important through this experience.

4　日本の文化を知らない外国人を念頭において，「年賀状」(*nengajo*) について，40
□　語程度の英語で説明しなさい。なお，解答の末尾には使用した語数を書くこと。

70

第9回

出題の分類

1 長文読解

2 長文読解

3 条件英作文

時　　間：50分
目標点数：80点

1回目	/100
2回目	/100
3回目	/100

▶ 解答・解説は P.135

1 次の英文を読んで，あとの各問いに答えなさい。

17歳のビジネスマンである Billy Weaver はロンドンから出張で，バスという町に夜遅く到着した。宿を探していると，窓から美しい暖炉や家具，オウムや犬などが見える，とても家庭的な宿を見つけた。その宿のベルを鳴らすと，40代の女性が笑顔で出てきた。その女性はとても感じが良く，一泊の料金をとても安くしてくれた。

"Five and sixpence is fine," he answered. "I should like very much to stay here."

"I knew you would. Do come in."

She seemed terribly nice. (i)She looked exactly like the mother of one's best school-friend welcoming one into the house to stay for the Christmas holidays. Billy took off his hat, and stepped over the *threshold.

"Just hang it there," she said, "and (あ)[coat / me / with / you / your / let / help]."

There were no other hats or coats in the hall. There were no umbrellas, no walking sticks — nothing.

"We have it all to ourselves," she said, smiling at him over her shoulder as she led the way upstairs. "You see, (ii)it isn't very often I have the pleasure of taking a visitor into my little nest."

　　　　　－省略－

"Ah, yes."

"But I'm always ready. Everything is always ready day and night in this house just on the *off-chance that an acceptable young gentleman will come along. And it is such a pleasure, my dear, such a very great pleasure when now and again I open the door and I see someone standing there who is just exactly right." She was halfway up the stairs, and she paused with one hand on the stair rail, turning her head and smiling down at him with pale lips. "⎡　　1　　⎦," she added, and her blue eyes travelled slowly all the way down the length of Billy's body, to his feet, and then up again.

On the first-floor landing she said to him, "This floor is mine."

They climbed up a second flight. "And this one is all yours," she said. "Here's your room. I do hope you'll like it." She took him into a small but charming front bedroom, switching on the light as she went in.

"The morning sun comes right in the window, Mr. Perkins. It is Mr. Perkins, isn't it?"

"No," he said. "It's Weaver."

"Mr. Weaver. How nice."

　　－省略－

"Very well, then. I'll leave you now so that you can unpack. But before you go to bed, would you be kind enough to pop into the sitting room on the ground floor and sign the book? Everyone has to do that because it's the law of the land, and we don't want to go breaking any laws at this stage in the *proceedings, do we?" She gave him a little wave of the hand and went quickly out of the room and closed the door.

Now, ①the fact that his landlady appeared to be slightly off her rocker didn't worry Billy in the least. ②彼女は害がないだけでなく，またとても優しかった。 He guessed that she had probably lost a son in the war, or something like that, and had never got over it.

So a few minutes later, after unpacking his suitcase and washing his hands, he *trotted downstairs to the ground floor and entered the living room. His landlady wasn't there, but the fire was glowing in the *hearth, and the little dachshund was still sleeping in front of it. The room was wonderfully warm and *cozy. I'm a lucky fellow, he thought, rubbing his hands. This is a bit of all right.

He found the guest book lying open on the piano, so he took out his pen and wrote down his name and address. (い)[other / page / above / on / were / two / there / *entries / his / the / only], and, as one always does with guest books, he started to read them. One was a Christopher Mulholland from Cardiff. The other was Gregory W. Temple from Bristol.

That's funny, he thought suddenly. Christopher Mulholland. It rings a bell.

Now where on earth had he heard that rather unusual name before?

Was he a boy at school? No. Was it one of his sister's *numerous young men, perhaps, or a friend of his father's? No, no, it wasn't any of those. He *glanced down again at the book.

Christopher Mulholland　　231 Cathedral Road, Cardiff

Gregory W. Temple　　　　27 Sycamore Drive, Bristol

As a matter of fact, now he came to think of it, he wasn't at all sure that the second name didn't have almost as much of a *familiar ring about it as the first.

"Gregory Temple?" he said aloud, searching his memory. "Christopher Mulholland? …"

"Such charming boys," a voice behind him answered, and he turned and saw his landlady sailing into the room with a large silver tea tray in her hands. She was holding it well out in front of her, and rather high up, as though the tray were a pair of *reins on a *frisky horse.

65

"They sound somehow familiar," he said.

"They do? How interesting."

"   2   . Isn't that *queer? Maybe it was in the newspapers. They weren't famous in any way, were they? I mean famous cricketers or footballers or something like that?"

"Famous," she said, setting the tea tray down on the low table in front of the sofa. "Oh no, I don't think they were famous. But they were extraordinarily handsome, both of them, I can promise you that. They were tall and young and handsome, my dear, just exactly like you."

Once more, Billy glanced down at the book. "Look here," he said, noticing the dates. "This last entry is over two years old."

"It is?"

"Yes, indeed. And Christopher Mulholland's is nearly a year before that — more than three years ago."

"Dear me," she said, shaking her head and *heaving a dainty little sigh. "I would never have thought it. How time does fly away from us all, doesn't it, Mr. Wilkins?"

"It's Weaver," Billy said. "W-e-a-v-e-r."

"Oh, of course it is!" she cried, sitting down on the sofa. "How silly of me. I do *apologize. In one ear and out the other, that's me, Mr. Weaver."

"You know something?" Billy said. "Something that's really quite extraordinary about all this?"

"No, dear, I don't."

"Well, you see — both of these names, Mulholland and Temple, I not only seem to remember each of them separately, so to speak, but somehow or other, in some *peculiar way, they both appear to be *sort of connected together as well. As though they were both famous for the same sort of thing, if you see what I mean — like ... like Dempsey and Tunney, for example, or Churchill and Roosevelt."

"How amusing," she said. "But come over here now, dear, and sit down beside me on the sofa and I'll give you a nice cup of tea and a ginger biscuit before you go to bed."

"You really shouldn't *bother," Billy said. "I didn't mean you to do anything like that." He stood by the piano, watching her as she *fussed about with the cups and saucers. He noticed that she had small, white, quickly moving hands, and red fingernails.

"I'm almost positive it was in the newspapers I saw them," Billy said. "I'll think of it in a second. I'm sure I will."

There is nothing more *tantalizing than a thing like this which *lingers just outside the borders of one's memory. He hated to give up.

"Now wait a minute," he said. "Wait just a minute. Mulholland ... Christopher Mulholland ... wasn't that the name of the *Eton schoolboy who was on a walking tour through the West Country, and then all of a sudden ..."

"Milk?" she said. "And sugar?"

"Yes, please. And then all of a sudden. ..."

"Eton schoolboy?" she said. "Oh no, my dear, that can't possibly be right because my Mr. Mulholland was certainly not an Eton schoolboy when he came to me. He was a Cambridge *undergraduate. Come over here now and sit next to me and warm yourself in front of this lovely fire. Come on. Your tea's all ready for you." She patted the empty place beside her on the sofa, and she sat there smiling at Billy and waiting for him to come over.

He crossed the room slowly, and sat down on the *edge of the sofa. She placed his teacup on the table in front of him

"There we are," she said. "How nice and cozy this is, isn't it?"

Billy started *sipping his tea. She did the same. For half a minute or so, neither of them spoke. But Billy knew that she was looking at him. Her body was half-turned towards him, and he could feel her eyes resting on his face, watching him over the *rim of her teacup. Now and again, he caught a *whiff of a peculiar smell that seemed to *emanate directly from her person. It was not in the least unpleasant, and it reminded him — well, he wasn't quite sure what it reminded him of. Pickled walnuts? New leather? Or was it the *corridors of a hospital?

"Mr. Mulholland was a great one for his tea," she said at length. "Never in my life have I seen anyone drink as much tea as dear, sweet Mr. Mulholland."

"I *suppose he left fairly recently," Billy said. He was still puzzling his head about the two names. He was positive now that he had seen them in the newspapers — in the headlines.

"Left?" she said, *arching her brows. "But my dear boy, he never left. He's still here. Mr. Temple is also here. They're on the third floor, both of them together."

Billy set down his cup slowly on the table, and *stared at his landlady. She smiled back at him, and then she put out one of her white hands and patted him comfortingly on the knee. "How old are you, my dear?" she asked.

"Seventeen."

"Seventeen!" she cried. "Oh, it's the perfect age! Mr. Mulholland was also seventeen. But ③彼はあなたより少し背が低かったと思うわ, in fact I'm sure he was, and his teeth weren't quite so white. You have the most beautiful teeth, Mr. Weaver, did you know that?"

"④[as / as / not / look / they / good / are / they]," Billy said. "They've got simply *masses of fillings in them at the back."

"Mr. Temple, of course, was a little older," she said, *ignoring his *remark. "He was actually twenty-eight. And yet I never would have guessed it if he hadn't told me, never in my whole life. There wasn't a *blemish on his body."

"A what?" Billy said.

"His skin was just like a baby's."

There was a pause. Billy picked up his teacup and took another sip of his tea, then he set it down again gently in its saucer. He waited for her to say something else, but she seemed to have *lapsed into another of her silences. He sat there staring straight ahead of him into the far corner of the room, biting his lower lip.

"That parrot," he said at last. "You know something? It had me completely fooled when I first saw it through the window from the street. I could have *sworn it was alive."

"*Alas, no longer."

"   3   ," he said. "It doesn't look in the least bit dead. Who did it?"

"I did."

"You did?"

"Of course," she said. "And have you met my little Basil as well?" She *nodded towards the dachshund *curled up so comfortably in front of the fire. Billy looked at it. And suddenly, he realized that this animal had all the time been just as silent and motionless as the parrot. He put out a hand and touched it gently on the top of its back. The back was hard and cold, and when he pushed the hair to one side with his fingers, he could see the skin *underneath, greyish-black and dry and perfectly preserved.

"Good gracious me," he said. "How *absolutely fascinating." He turned away from the dog and stared with deep admiration at the little woman beside him on the sofa. "It must be most awfully difficult to do a thing like that."

"Not in the least," she said. " (iii) I stuff all my little pets myself when they pass away. Will you have another cup of tea?"

"No, thank you," Billy said. The tea tasted faintly of bitter almonds, and he didn't much care for it.

"You did sign the book, didn't you?"

"   4   ."

"That's good. Because later on, if I happen to forget what you were called, then I can always come down here and look it up. I still do that almost every day with Mr. Mulholland and Mr.... Mr..."

"Temple," Billy said. "Gregory Temple. Excuse my asking, but haven't there been any other guests here *except them in the last two or three years?"

Holding her teacup high in one hand, *inclining her head slightly to the left, she

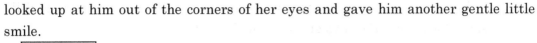

looked up at him out of the corners of her eyes and gave him another gentle little smile.

"   5   ," she said. "Only you."

(出典　Roald Dahl「*The Landlady*」より)

(注)　threshold　敷居　　off-chance　滅多にないチャンス　　proceeding　手続き　　trot　小走りする

hearth　暖炉　　cozy　居心地良い　　entry　記入　　numerous　たくさんの

glance　ちらりと見る　　familiar　聞き覚えのある　　rein　手綱　　frisky　跳ね回る

queer　奇妙な　　heave a dainty little sigh　小さくため息をつく　　apologize　謝る

peculiar　奇妙な　　sort of　のような　　bother　わざわざする　　fuss about　あれこれ言う

tantalizing　焦れったい　　linger　残る　　Eton　イギリスの有名寄宿学校

undergraduate　学部生　　edge　端　　sip　すする　　rim　縁　　whiff　ほのかな香り

emanate　発する　　corridor　廊下　　suppose　思う　　arch　釣り上げる　　stare　凝視する

masses of fillings　たくさんの詰め物　　ignore　無視する　　remark　発言　　blemish　アザ

lapse into　に陥る　　sworn　swear (誓う)の過去分詞　　alas　ああ

nod toward　を顎で指し示す　　curl up　丸める　　underneath　下部

absolutely fascinating　全く素晴らしい　　except　以外に　　incline　傾ける

問1　(1)〜(10)の質問に対する答えとして，本文の内容に最も適切なものを次のうちからそれぞれ選び，記号で答えなさい。

☐　(1)　What did Billy think about the lady's house when he went inside?

(a)　The house was very popular for the tourists because of the lady.

(b)　Her pets were nice to the guests.

(c)　The house was not ready for the new guests.

(d)　No other guests were staying there at that time.

(e)　None of the above

☐　(2)　Why did Billy think he knew Christopher Mulholland?

(a)　Because he went to the same school with Billy and played football together.

(b)　Because he came to Billy's house with Billy's father before.

(c)　Because his name was seen in newspapers before.

(d)　Because he was a boyfriend of Billy's sister and looked very handsome.

(e)　None of the above

☐　(3)　According to the lady, why did she want Billy to sign the guestbook?

(a)　Because she often forgot the names of the visitors.

(b)　Because Billy's last name was difficult for her to say.

(c)　Because she wanted to count the number of the visitors in the future.

(d)　Because she enjoyed looking at the guestbook to look back on the conversations with the visitors.

(e)　None of the above

☐ (4) According to the old woman, what was the common characteristic Billy shared with the other two guests of the house?

    (a) They were all handsome and tall.

    (b) They all stayed on the third floor of the house.

    (c) They all had a great time at the woman's house.

    (d) They all had beautiful teeth.

    (e) None of the above

☐ (5) What did Billy not want to give up?

    (a) Remembering where he met Christopher Mulholland

    (b) Remembering who the two men in the guestbook were

    (c) Remembering when he met an Eton schoolboy

    (d) Remembering the taste of the tea he just had

    (e) None of the above

☐ (6) How did Billy feel when he found out the dog was not alive?

    (a) He was impressed by her skills of stuffing animals.

    (b) He got scared and decided to run away.

    (c) He was angry because the woman was telling a lie.

    (d) He was so afraid that he became silent.

    (e) None of the above

☐ (7) What does the underline ① mean?

    (a) The landlady looked a little crazy.

    (b) The landlady was not a big fan of rock music.

    (c) The landlady did not look like a violent person.

    (d) The landlady was a loud person.

    (e) None of the above

☐ (8) Which is the most possible fact of the two visitors on the guest list?

    (a) They really enjoyed staying at the woman's house and left a few days before Billy came.

    (b) They left the place without paying money.

    (c) They became like her pets.

    (d) They became popular in young people because they were young, tall, and handsome.

    (e) None of the above

☐ (9) What would Billy NOT possibly do after this passage?

    (a) He would realize the woman was not kind at all.

    (b) He would find what the lady did in the past.

    (c) He would feed the dachshund.

    (d) He would find the two men in the house.

    (e)   None of the above

□　(10) What is the tone of the passage?

    (a)   Scary and mysterious

    (b)   Comedic and heart-warming

    (c)   Adventurous and heroic

    (d)   Sad and hopeless

    (e)   None of the above

□　問2　　1　～　5　に入れるのに最も適切なものを次のうちからそれぞれ選び，記号で答えなさい。

    ア　It's most terribly clever the way it's been done

    イ　Oh, yes

    ウ　No, my dear

    エ　I'm almost positive I've heard those names before somewhere

    オ　Like you

□　問3　下線部(あ)～(う)の［　　］内の語を，内容に合わせ正しい語順に並べ換えなさい。文頭にくるべき語も小文字になっているので注意すること。

□　問4　下線部(i), (ii), (iii)を和訳しなさい。

□　問5　下線部②, ③を英訳しなさい。

2　次の英文を読んで，あとの各問いに答えなさい。

  *Ordinary people have always been *attracted to the world of movies and movie stars. One way to get closer to this world is to become a movie extra. Although you have seen movie extras, you may not have paid much attention to them. Extras are the people seated at tables in a restaurant while the two main actors are in conversation. They are the guests at the wedding of the main characters. They are the people crossing the street while "the bad guy" is being *chased by the police. Extras don't normally speak any lines, but they make the scenes (　1　) real.

  Being a movie extra might seem like a lot of fun. You get to see what life is like behind the scenes. But don't forget that being an extra is really a job, and it's mostly about doing nothing. First-time extras are often shocked to (2)[of / learn / is / the process / slow / how / movie making]. In a finished movie, the action may move quickly. But (3)it sometimes takes a whole day to shoot a scene that appears for just a few minutes on the screen.

  The main *requirement for being an extra is the ability to (　4　). You may report to work at 5 or 6 a.m., and then you wait until the director is ready for your scene. This could take several hours. Then there may be technical problems, and you have to wait some more. After the director says "action" and you do the first "take," you may have to do it again if he or she is not （　5　） the scene. In fact, you may have to do the same scene over and over again. You could be on the set for hours, sometimes waiting outdoors in very hot or cold weather. You may not be finished until 11 p.m. or midnight. The pay isn't good, either — often only a little bit above *minimum wage. And you must pay the *agent who gets you the job a *commission of about 10 percent.

So who would want to be a movie extra? In spite of the （ 6-① ） hours and （ 6-② ） pay, many people still *apply for the job. Some people truly enjoy the work. They like being on a movie set, and they enjoy the *companionship of their fellow extras. Most of them have *flexible schedules, which allow them to be *available. They may be students, waiters, homemakers, *retired people, or *unemployed actors. Some unemployed actors hope the work will help them get real acting jobs, but (7)it doesn't happen often. Most people in the movie *industry make a sharp *distinction between extras and actors, so extras are not usually *considered for larger parts.

The next time you see a movie, don't just watch the stars. Take a closer look at the people in the background, and ask yourself: Who are they? Why are they there? What else do they do in life? Maybe there is someone in the crowd who is just like you.

（注）　ordinary　普通の　　　attract　～を引きつける　　chase　～を追いかける　　requirement　必要条件
　　　　minimum wage　最低賃金　　agent　仲介業者　　commission　手数料　　apply for　～に応募する
　　　　companionship　親交　　flexible　融通の利く　　available　都合のつく　　retired　退職した
　　　　unemployed　仕事のない　　industry　産業　　distinction　区別　　consider　～を考慮に入れる

☐　問1　空所(1)に入る最も適切なものを次のうちから選び，記号で答えなさい。
　　　　ア　are　　　イ　like　　　ウ　look　　　エ　sound

☐　問2　下線部(2)の[　　　]内の語句を並べ換えて，意味の通る英文にしなさい。

☐　問3　下線部(3)を日本語にしなさい。

☐　問4　空所(4)に入る最も適切な語を本文中より抜き出して答えなさい。

☐　問5　空所(5)に入る最も適切なものを次のうちから選び，記号で答えなさい。
　　　　ア　disappointed with　　　イ　satisfied with　　　ウ　scared of　　　エ　tired of

☐　問6　空所(6-①)と(6-②)に入る語の組み合わせとして最も適切なものを次のうちから選び，記号で答えなさい。
　　　　ア　(6-①) short　　　　(6-②) low
　　　　イ　(6-①) short　　　　(6-②) high
　　　　ウ　(6-①) long　　　　(6-②) low
　　　　エ　(6-①) long　　　　(6-②) high

☐　問7　下線部(7)が指す内容を日本語で説明しなさい。

3 以下の指示に従って英語で書きなさい。

□ ロボット犬（robot dogs）と本物の犬（real dogs）のどちらがペットとして優れていると，あなたは思いますか。以下の指示に従い，自分の考えを<u>40 語以上 50 語以内</u>の英語で述べなさい。

① 第 1 文は，印刷された "I think (   ) dogs are better." の (   ) 内に "robot" または "real" と書き入れなさい。<u>この第 1 文は使用した語数に含めないこととします。</u>

② 続けて，それが優れている理由を 2 つ述べなさい。

③ 最後に，使用した語数を数え，(   ) に書きなさい。

以下を下書きに使用してかまいません。

I think (   ) dogs are better.
_____
_____
_____
_____
_____
                                    (   ) 語

---

① 次の英文を読んで，その内容と一致するように，あとの要約文の空所 1 から 12 に適切な単語を入れなさい。

The first people living in Australia were the *Aborigines. They have lived there for at least 45,000 years. They *lived off the land, by hunting, gathering and fishing, until *European *settlers destroyed their traditional way of life. Their numbers went down *rapidly and now they have become only a small part of the *population of Australia.

Australia was an *unknown land to Europeans until about 400 years ago. Maps showed a very large, wide piece of land without a shape at the lowest part of *the southern hemisphere, called *Terra Australis Incognita* (the Unknown South Land). *Spanish and *Portuguese *sailors came close to Australia, but a *Dutch sailor, *Willem Janszoon first found and *landed on the Australian *continent in 1606. Dutch ships made several *voyages along the western Australian *coast in the 17th century. Dutch people named the continent "New *Holland." However, they were not impressed with the dry, poor land and they never *settled there.

In 1768, Britain sent Captain *James Cook to look for the Unknown South Land. In 1770 he reached the east coast of Australia and *claimed it for Britain.　He called it "*New South Wales."

Cook reported that the richer east coast was *suitable for a *settlement.　The British government took his advice.　It decided to send some *convicts to work in a new settlement in New South Wales.

Convicts, soldiers, officers, and the settlement's first *governor, *Arthur Phillip, were sent in eleven ships.　They landed at *Botany Bay on the east coast in January 1788.

Botany Bay was not a suitable place, but soon Phillip found an *ideal spot for a settlement.　It later became the city of Sydney.

The small settlement of Sydney had many problems at first.　The Aborigines were not friendly, the convicts *would not work, and there was not enough food.　However, after about 1810 more free settlers arrived.　They used the convicts as farm workers and started farms.　The settlement *gradually *expanded and became richer.

People found more suitable land for farming.　New settlements were started in other areas, first in *Tasmania in 1804, then in *Queensland, Western Australia, *Victoria and South Australia.   Worst convicts were sent to convict settlements in *remote areas, such as in Tasmania.

Until *the 1850s, these British *colonies in Australia were small.   There were *isolated settlements around the coasts.   Farmers had large areas of land and kept sheep.   These *landowners became powerful and rich and *governed the colonies.

In 1851, *large amounts of gold were found in New South Wales and Victoria.   This started *gold rushes and many people came to Australia to get gold.   The population rapidly increased.   Gold made *Melbourne, the capital of Victoria, into a rich city with fine buildings.

The gold rushes changed the colonies.   They brought more *educated, *middle-class people from Britain.   They *challenged the power of the rich landowners and made the colonies more *democratic.

By that time, people in the colonies realized that they were *separate from Britain with their own Australian way of thinking and way of life.   Britain gave *self-government to the colonies in 1855.   Between 1850 and 1905, the colonies *developed into *democracies; everyone, *except the Aborigines, had full *voting rights.   The Aborigines were not given the *vote until 1966.

In 1901, Australia became one *nation.   The colonies became *states, and they were *united together as *the Commonwealth of Australia.   A central *Federal government governed the whole nation, and the state governments governed the states.

Although Australia is a self-governing nation, it has continued its *ties with Britain.   It has followed Britain's systems of law and government, and the *Queen of England is the Queen of Australia.

(注)　Aborigine　アボリジニー(オーストラリア先住民)

live off the land　その土地で取れるもので暮らす，自給自足をする　　European　ヨーロッパ人(の)

settler　移住者　　rapidly　急速に　　population　人口　　unknown　未知の

the southern hemisphere　南半球　　Spanish　スペインの　　Portuguese　ポルトガルの

sailor　船乗り　　Dutch　オランダの　　Willem Janszoon　ウィレム・ヤンスゾーン(1570 ～ 1630)

land　上陸する　　continent　大陸　　voyage　航海　　coast　海岸, 沿岸　　Holland　オランダ

settle　移住する，定住する　　James Cook　ジェームズ・クック(1728 ～ 1779)

claim (～ for ...)　(... に～の領有権があると)主張する

New South Wales　ニューサウスウェールズ(地名)　　suitable　適している

settlement　植民地, 移住地　　convict　囚人　　governor　総督

Arthur Phillip　アーサー・フィリップ(1738 ～ 1814)　　Botany Bay　ボタニー湾

ideal spot　理想的な場所, 地点　　would not ～　～しようとしなかった　　gradually　徐々に

expand　拡大する，広がる　　Tasmania　タスマニア(地名)

Queensland　クイーンズランド(地名)　　Victoria　ヴィクトリア(地名)

remote　遠く離れた, 辺境の　　the 1850s　1850年代　　colony　植民地　　isolated　孤立した

landowner　土地所有者, 地主　　govern　統治する, 支配する　　large amounts of ~　大量の~

gold rush　ゴールドラッシュ　　Melbourne　メルボルン　　educated　教養のある

middle-class　中産階級の　　challenge　~に挑む　　democratic　民主的な

separate from ~　　~とは別個の　　self-government　自治権

develop into ~　(発展して)~になる　　democracy　民主的な社会, 共同体

except ~　~を除いて　　voting right; vote　投票権　　nation　国家　　state　州(の)

unite together　統一する　　the Commonwealth of Australia　オーストラリア連邦

federal　連邦の　　tie　結びつき　　queen　女王

【要約文】

The Aborigines have lived in Australia for （　1　） than 45,000 years. They lived by eating food they could get from the land. Then people from （　2　） came to Australia and settled there.

Australia was not （　3　） to Europeans for a long time. The first European to discover and land on Australia was a （　4　） sailor. But （　4　） people did not settle there because the land was dry and （　5　）. In 1770, Captain Cook arrived at the east coast of Australia and claimed that it was part of （　2　）.

There were many problems in the settlement of Sydney at first: Aborigines who were not friendly, the convicts who did not （　6　） to work, and very little food. After the beginning of the 19th century, settlers who were not （　7　） started farms, and the settlement became （　8　） and richer. There were settlements in other areas such as Queensland, Western Australia, Victoria and South Australia.

After the 1850s, farmers who had a lot of （　9　） became powerful and rich, and governed the colonies. Also with the beginning of the （　10　） rushes, many people who wanted to be rich came to Australia. The population of Australia increased rapidly, and Melbourne became a rich city.

People began to have ways of life and thinking that were （　11　） from those in Britain. In 1855 the colonies got self-government from Britain, and between 1850 and 1905 they became democracies, with people having full voting rights except the （　12　）.

In 1901, the colonies became states. They were united together and became the Commonwealth of Australia.

2　次の英文を読んで, あとの各問いに答えなさい。

The kitchen door opened, and a boy rolled into the castle *courtyard. The king's chef ran to the door and shouted, "Stay out, Frank! A kitchen boy cannot tell ME how to cook! Don't come to the kitchen anymore. Go find a new job." The chef turned around and disappeared through the door. Everyone in the courtyard was watching Frank.

"I just told him that his cake needed a little more sugar," Frank explained. "Maybe he disagreed."

When he stood up, King Peter appeared on his horse.

"There's a *dragon in my forest!" the king said. "It almost burned me."

"You probably surprised it, King Peter," said Frank. "Dragons aren't dangerous if you know how to communicate with them."

"Well then, boy," King Peter said with a strange smile. "You know all about dragons. Go and take control of the dragon."

"Me?" Frank shouted.

"Yes, you," the king said. "Take anything you need from the castle. If you're successful, I'll give you a prize."

Frank smiled at (1)the thought, and then said, "What will happen if I'm not successful?"

"Well," said the king, "(2)the dragon probably won't leave enough of you for me to worry about." The king left.

In the courtyard, Frank thought very hard.

Another kitchen boy was carrying some milk into the kitchen.

"Of course!" Frank cried. An idea came to him.

Within the hour Frank (3)[needed / filled / with / he / the / wagon / a / things] and was walking into the dark forest. He walked around for a while. Suddenly, an open field appeared. There, the dragon was watching him.

Slowly the creature rose up high. Smoke came from its nose. Frank was very (4-A) _____ . He took a deep breath to calm himself.

"Good afternoon, sir!" Frank said, as the mighty creature watched him closely. From the wagon he took out a *jug of milk, a *barrel, a block of ice, a bag of sugar, a bag of salt, and a basket of strawberries. "I was looking for you."

The dragon's yellow eyes became (4-B)_____ . "Why?"

"To make Dragon Treat, of course," said Frank, with a look of surprise. "Our old dragon said all the great dragons can make it. You have made it before, haven't you?"

The dragon looked at the wagon. "Um... sure," he said. "Long ago."

"Well, I don't know. Our old dragon said it's a difficult job," Frank said.

Dark smoke came out of his mouth. "(5)_____"

"Calm down," Frank said. Suddenly, Frank clapped his hands and said, "I used to help the old dragon. Perhaps we can work together."

The dragon looked at him carefully. "We can try. But I'll burn you if you're not helpful!"

"All right, we both have agreed. My name is Frank."

"I'm Lorf."

Frank pointed to the milk jug. "Sweet cream to start," he said.

"Any dragon knows that," shouted Lorf. He was trying to look confident.

Lorf put the (6-A)_____ into the milk and added the strawberries. Frank praised him for his skill. Finally, Frank placed the jug inside the barrel.

"You cut the ice into pieces, and put them into the barrel," Frank said, "I'll add the (6-B)_____. Then you can do the most important part."

"Right, the most important part," Lorf said.

"OK, start rolling."

"Rolling?" Lorf asked.

"Yes. Roll it around. Only a mighty dragon can roll such a large barrel."

"Right," said Lorf. He rolled it around faster and faster. After an hour they took the milk jug out. Inside, the *cream was already *frozen.

"It's perfect," said Frank.

"It is?" Lorf said in surprise, and then he spread his wings proudly. "Of course it is!"

Frank served Lorf a *bowl of Dragon Treat. Lorf ate it quickly and said, "This is delicious!"

Then he looked at Frank. "You know, I'm glad I didn't (7)_____ you."

"I'm glad you didn't, too," Frank said, as he served another bowl to Lorf.

As he ate it, Lorf said, "Actually, I've never made this before."

Frank laughed. "In fact, I haven't either. I saw it once in the king's kitchen. It's really called ice cream."

"No!" said Lorf. "It is Dragon Treat. We'll make it every day from now on!"

Frank said, "I don't know. I'll have to ask King Peter."

"If he disagrees, I'll burn him!"

"Easy, Lorf. Once he tastes this, he'll agree. But that means you can't burn him anymore," said Frank.

"Oh, was that King Peter this morning?" Lorf asked. "I'm sure he was surprised!"

Frank laughed. "No more attacking?"

"(8)_____," Lorf said.

Frank said good-bye to Lorf, and brought the ice cream to the castle.

King Peter was happy to see Frank again. "I'm so sorry I sent you off to face the dragon — I was upset this morning. Please (9)_____ me!"

"Please don't be sorry, King Peter," said Frank politely. "The beginning was terrible, but it ended well."

King Peter listened to Frank's tale. After he tasted the ice cream and heard about Lorf's promise, he agreed to give Frank a prize.

The king held a party the next day. There, the king announced, "From now on, Frank is going to be my pastry chef!"

The strawberry ice cream Frank made was served to all the guests.

"It's perfect!" roared Frank and King Peter together.

(注) courtyard 城の中庭   dragon 竜, ドラゴン   jug 壷(つぼ)   barrel 樽(たる)   cream クリーム
    frozen 凍った   bowl 深い皿

☐ 問1 下線部(1)の具体的な内容を句読点を含む30字以内の日本語で答えなさい。

☐ 問2 下線部(2)が表す意味として最も適切なものを次のうちから選び, 記号で答えなさい。
    ア お前は生きて帰ってこられないだろうから心配ない。
    イ お前は怖くなって出発できないだろうから心配ない。
    ウ ドラゴンはお前に何も残してくれないだろうから心配ない。
    エ お前が森に着く頃にはドラゴンはいないだろうから心配ない。

☐ 問3 下線部(3)の[   ]内の語を意味が通るように並べ換えなさい。

☐ 問4 下線部(4-A), (4-B)の空所に入る語の組み合わせとして最も適切なものを次のうちから選び, 記号で答えなさい。
    ア (4-A) bored   (4-B) kind
    イ (4-A) disappointed (4-B) empty
    ウ (4-A) scared   (4-B) narrow
    エ (4-A) worried   (4-B) blind

☐ 問5 下線部(5)の空所に入る最も適切な文を次のうちから選び, 記号で答えなさい。
    ア You don't make it?   イ You don't believe me?
    ウ You won't try it?   エ You won't help me?

☐ 問6 下線部(6-A), (6-B)のそれぞれの空所に入る最も適切な1語を文中から抜き出して答えなさい。

☐ 問7 下線部(7)の空所に入る最も適切な1語を文中から抜き出して答えなさい。

☐ 問8 下線部(8)の空所に入る最も適切なものを次のうちから選び, 記号で答えなさい。
    ア I will   イ I promise   ウ I don't know   エ I'm not finished

☐ 問9 下線部(9)の空所に入る最も適切なものを次のうちから選び, 記号で答えなさい。
    ア allow   イ forget   ウ forgive   エ save

□　問10　本文の内容に合うものを次のうちから選び，記号で答えなさい。

　　ア　Dragon Treat is a traditional menu in the king's kitchen.

　　イ　Lorf saw the king and almost burned him in the castle.

　　ウ　Frank used to learn cooking from an old dragon in the castle.

　　エ　As a prize, Frank became a chef who makes sweets for the king.

3　次の会話文を読んで，あとの各問いに答えなさい。

Kazu and Naomi have decided to take their friends Brian and Amy on a bus tour around Tokyo.

Naomi：　Come on! Hurry up, guys! The bus is going to leave soon.

Brian：　People are still in line. What's the rush?

Kazu：　Buses and trains leave on schedule in Japan. You can set your watch by their arrival or departure times.

Amy：　①**You're kidding!**

Kazu：　No. Really.

Amy：　I didn't know transportation was so punctual. Trains aren't like （　1　） in Chicago. Remember, Kazu?

Kazu：　Yeah, I remember. They were usually （　2　）.

Naomi：　Uh-huh. And that wasn't fun in the winter, standing out in the cold wind. Sometimes I almost froze （　3　） death.

Brian：　That's Chicago ... in the winter anyway. Say, is that our tour guide—the one （　4　） the blue hat?

Naomi：　Yeah. She'll explain all the sights for us.

Amy：　In English, I hope.

Naomi：　Of course. ②**But we can help a little, too.**

Kazu：　Let's get on, guys.

Amy：　OK. I hope I don't have to sit near that weirdo with the samurai hairpiece. Why does he have to look （　5　） such a tourist?

Brian：　Hey, look at this, Amy. The steering wheel is on the wrong side.

Naomi：　I don't think so, Brian. It's on （　6　） side.

Brian：　Oh. (ア)I take your point.

Kazu：　Good thing you're not driving. Huh, Brian?

Brian：　　　　A

Amy：　Wow! Everything looks so clean inside. What a difference from Chicago buses!

Brian：　Hmm ... the seats are a little （　7　）, don't you think?

Kazu：　I don't think so.

Brian：　That's because you're so thin, Kazu.

Amy　：　Do you have enough legroom?
Brian　：　　　B

Kazu　：　Do you want to change seats? There's more room in the back.
Brian　：　　　C

Yuki　：　Good morning, everyone. My name is Yuki Ishihara, and I'll be your tour guide today. Please relax and enjoy your tour. Our first stop will be at Tokyo Tower. If you have any questions, please feel free to ask. (イ)I'm (a) here (b) to help (c) you (d) any way (e) .

Brian　：　Excuse me. Is lunch included in today's tour?
Yuki　：　　　D

Amy　：　Brian, we just had breakfast. Are you thinking （ 8 ） food already?
Brian　：　Just thinking ahead.
Yuki　：　If you don't mind, let me ask where you are from. How about you, ma'am? Could you tell us your name and where you're from?
Amy　：　Well, my name's Amy Morgan, and I'm from America ... Chicago to be exact.
Yuki　：　Oh, how interesting! And is that your friend （ 9 ） next to you?
Amy　：　No, that's my husband.
Yuki　：　I see. Now, let's meet （ 10 ） else. How about you, sir?
Amy　：　Oh, no! She wants the guy with the samurai hairpiece to introduce himself. ③**I'm hiding!**

問1　文中の①，②，③に関して，本文の内容に合う最も適切なものを次のうちからそれぞれ選び，記号で答えなさい。

□　①　Why does Amy say, "**You're kidding!**"?
　(a)　Because she's surprised that buses and trains depart exactly on time in Japan.
　(b)　Because she has to set her watch when she leaves.
　(c)　Because she's in a hurry to get home.
　(d)　Because the bus is about to leave.
　(e)　Because the people are still waiting to get on the bus.

□　②　Naomi says, "**But we can help a little, too.**" What will Naomi and Kazu do?
　(a)　They will clean the bus together with Brian and Amy.
　(b)　They will find Brian and Amy some seats on the bus.
　(c)　They will help Brian and Amy climb on the bus.
　(d)　They will put Brian and Amy's bags on the bus.
　(e)　They will tell Brian and Amy about the famous places in Tokyo.

③ Why does Amy say, **"I'm hiding!"**?
    (a) Because she thinks the guy with the samurai hairpiece is exciting.
    (b) Because she thinks the guy with the samurai hairpiece is interesting.
    (c) Because she thinks the guy with the samurai hairpiece is strange.
    (d) Because the guy with the samurai hairpiece is looking for Amy.
    (e) Because the guy with the samurai hairpiece wants to become friends with Amy.

問2　文中の(1)～(10)に入る最も適切なものを次のうちからそれぞれ選び，記号で答えなさい。

  (1) (a) one   (b) that   (c) them   (d) there
       (e) these

  (2) (a) fun   (b) important (c) late   (d) quick
       (e) still

  (3) (a) at   (b) by   (c) in   (d) on
       (e) to

  (4) (a) at   (b) for   (c) from   (d) on
       (e) with

  (5) (a) above   (b) behind   (c) into   (d) like
       (e) near

  (6) (a) another (b) any other (c) other   (d) others
       (e) the other

  (7) (a) large   (b) long   (c) narrow   (d) short
       (e) wide

  (8) (a) about   (b) for   (c) from   (d) out
       (e) with

  (9) (a) has sat (b) sit   (c) sits   (d) sitting
       (e) to be seated

(10) (a) somehow (b) someone (c) something (d) somewhat
       (e) somewhere

問3　(1)　文中の A ～ D に以下の 1 ～ 4 を入れる場合，最も適切な組み合わせを次のうちから選び，記号で答えなさい。

1　Not really.   2　No, I'm sorry.
3　No, I'll be OK.   4　Yeah, for sure!

(a)	(b)	(c)	(d)	(e)
A : 1	A : 1	A : 1	A : 4	A : 4
B : 3	B : 3	B : 4	B : 1	B : 1
C : 2	C : 4	C : 2	C : 2	C : 3
D : 4	D : 2	D : 3	D : 3	D : 2

□ (2) 文中の下線部(ア)で用いられている point の意味に最も近いものを次のうち
から選び，記号で答えなさい。

  (a) I'm at the meeting point in the station.

  (b) No parking beyond this point.

  (c) She made several interesting points in her talk.

  (d) The Australian team won the match by 20 points.

  (e) There's no point in getting angry.

□ (3) 文中の下線部(イ)で in はどこに入るか選び，記号で答えなさい。

  I'm (a) here (b) to help (c) you (d) any way (e).

□ (4) 文中の＿＿＿部を日本語に直しなさい。

4 Some students have *part-time jobs during high school. Do you think this is a
□ good idea or not? Give two or three reasons. Write in English and use about
50 words. Please write the number of words in the space (words) on the
answer sheet.

(注) part-time job　アルバイト

解 答

1 問1 ウ 問2 ア 問3 イ 問4 長いボクシング人生において，何度も頭を殴られたこと。 問5 his face remained a mask 問6 ⑥ 彼はもはや以前と同じ人ではなかったけれども，自分の名前がまだ世界を変えることができることがわかっていた。 ⑦ 彼の病気のせいで，話すことや動くことはだんだん難しくなったが，アリの挑戦は彼を偉大な伝達者であり続けさせた。 問7 ☆ famous ★ could 問8 パーキンソン病のアリがオリンピックの開会式に登場したこと。 問9 エ 問10 ヘビー級タイトルを取り，すべての人を平等に扱った黒人として／彼を尊敬する人を決して見下さなかった人として／できる限り多くの人を助けた人として 問11 (1) No, he didn't. (2) In 1981. (3) He fought against Parkinson's disease. (4) We can learn the story of Ali's amazing life.
問12 (1) ○ (2) × (3) × (4) × (5) ○ (6) ○

2 問1 (1) エ (2) エ (3) ア (4) ア (5) ア (6) オ
問2 ウ 問3 ウ 問4 イ 問5 ウ 問6 オ
問7 （例） It is easy for such companies to reach millions of people on the Internet.

3 (1) ア (2) ウ (3) イ (4) ア

4 ①，②の順 (1) エ，イ (2) ク，ケ (3) キ，ア (4) オ，ウ

5 記号，語句の順 イ，while エ，happened カ，meeting キ，lend ク，times more expensive

配点 1 問1〜問3，問9 各1点×4 問4・問11 各3点×5 他 各2点×14
（問6・問10は各2点，問7は完答）
2 問2 3点 問7 4点 他 各2点×10 3 各2点×4
4 各2点×4 5 各2点×5 計100点

解 説

1 （長文読解（伝記）：語句解釈，語句補充，内容吟味，英文和訳，言い換え，英問英答）
（全訳）────────
1 モハメド・アリは，もしかしたら1970年代半ばまで世界で最も有名な人物だったかもしれない。なによりもまず，ファンたちはアリとジョー・フレージャーの三度目の試合を見たがった。1975年10月1日，二人のボクサーはフィリピンの首都で対面した。その出来事は「スリラー・イン・マニラ」と呼ばれた。アリとフレージャーはお互いをよく知っていた。彼らはつま先とつま先を向かい合わせ，何ラウンドも繰り返し戦った。それぞれが，頭と体に痛烈な打撃を与えた

り受けたりした。彼ら二人ともがあきらめず，相手にパンチを打ち続けた。ところがついに，フレージャーは15ラウンド目には戦いに出てくることができなかった。アリが勝ち，チャンピオンの座に残った。彼はうれしかったが，痛烈なパンチのせいで痛みに苦しんだ。その後，彼は待機室で「①それは死ぬことに最も近いものだった」と言った。マニラ戦のあと，アリがもう戦うのをやめることを願う人々もいた。なぜならアリが長年にわたり厳しいパンチを受けたことを知っていたからだ。しかし，アリはボクシングを続けた。彼はさらに6戦の試合に勝ったが，ますますパンチを受け続けることになった。②彼は以前ほど機敏ではなく，すべてのパンチを避けることはできなかった。医者やその他の人たちは，彼が永久に治らない傷を受けるのではないかと心配した。1978年2月，アリは再びタイトルを失った。24歳のレオン・スピンクスがラスベガスでアリを打ち負かしたのだ。ところが，旧チャンピオンはもう一度その座に返り咲いた。その後，同年中に，そのときほぼ37歳になっていたアリは，スピンクスからタイトルを取り戻した。彼はヘビー級のタイトルを3回勝ち取った史上初めての人となった。

② しばらくして，アリは家族のことを考え，戦うのをやめるべき時期だとようやく理解しはじめた。それで彼は1979年に引退したが，また復帰③して二度の恥ずかしい敗北を喫した。もし全盛期だったら勝てたであろう選手たちに，アリは簡単に打ち負かされた。そのとき彼は，タイトルを得るためではなく，ただお金をもらうために戦っているように見えた。1981年，彼は永久にボクシングから引退した。1984年，アリはリングからは遠く離れた場所で，新たにさらに困難な闘いに直面することになった。彼は中枢神経をおかす④パーキンソン病と診断された。彼の脳はもはや一部の筋肉と正しいつながりをつくっておらず，これはアリが適切な動きをしようとするのを難しくした。彼は震えて，話すことや歩くことが困難になった。⑤彼の顔は「硬直」しているか，表情がなかった。多くの医者たちは，彼は長いボクシング人生の間に頭部にあまりに何度もパンチを受けてしまったせいでパーキンソン病になったのだ，と思った。アリは人々の哀れみを欲しなかった。⑥彼はもはや以前と同じ人ではなかったけれども，自分の名前がまだ世界を変えることができることがわかっていた。彼は他の人々を助け，平和のメッセージを広めたかった。病気であろうとなかろうと，モハメド・アリは自分自身との闘いを続けた。

③ 1986年にアリはロニー・ウィリアムズと結婚し，新しい生活を始めた。彼女はアリのボクシング引退後の生活において，彼の大きな助けとなった。彼らは家族がとても重要だと考えて，子供たちの面倒を見た。その一人は養子であるアサドで，成長して大学野球のスターになった。また，アリは自分の母親と，彼女が1994年に亡くなるまで親しいままだった。ただし父親に関しては，母親に感じたほどには親しく感じたことはなかった。

④ ⑦彼の病気のせいで，話すことや動くことはだんだん難しくなったが，アリの挑戦は彼を偉大な伝達者であり続けさせた。1990年代，彼は，平和のメッセージを伝えたり貧しく餓えた人々を助けようとしたりしながら，世界中を旅した。⑧彼の名声は，ふつうアメリカ人が歓迎されないような国々を旅することをも可能にした。1990年にはイラクに行き，アメリカ人の人質15人が解放されるように手配した。アリはまた，キューバが危機に直面したときに医療物資を持っていった。南アフリカの黒人リーダー，ネルソン・マンデラが1990年に刑務所から解放されたとき，アリはすぐに彼と面会した。

⑤ ボクシング引退後のアリの人生において最も名高い瞬間の一つは1996年にもたらされた。そのとき彼はアトランタでの夏季オリンピックの開幕をなす聖火へ点火をする役に選ばれた。ア

リが選ばれたことは，厳重に守られた秘密だった。かのチャンピオンがふたたび世界の前に出るという幻想的な瞬間まで，ほんの一握りの人々だけがそのことを知っていた。左手は震え，顔は仮面のままだったが，彼が右手でしっかりと聖火を持つのを何百万もの人々が見た。⑨それは近代オリンピック史において驚嘆すべき瞬間であった。

⑥　国連は，1998 年にアリを平和大使に任命した。その同年に，雑誌「ザ・リング」はアリを史上最高のヘビー級ボクサーとして挙げた。1999 年には，多くのメディアが，20 世紀の終わりとして，前の 100 年を振り返った。「スポーツ週刊誌」，スポーツ専用チャンネル，AP 通信，BBC 放送がこぞってモハメド・アリを 20 世紀の最も偉大なアスリートの一人として名を挙げた。2005 年 11 月はアリとその家族にとって重要な月となった。まず，ジョージ・W・ブッシュ大統領がアリに大統領自由勲章を授与した。それは軍に属していない人に対して合衆国が与えうる，最高の名誉だった。その勲章は，⑩数年前と事態がどれだけ異なっていたかを示していた。約 40 年前には，政府はアリを逮捕していた。それが今や彼に名誉を与えたのだ。その月のあとで，ケンタッキー州ルイビルにモハメド・アリ・センターが開館した。そのセンターはアリの驚嘆すべき人生の物語を伝えている。

⑦　アリはまだパーキンソン病と闘っている。彼は笑うことや話すことはできない。彼は立ち上がったり歩いたりするのに助けを必要とするが，それでも何十億人の人々にとって最も偉大な人物だ。人々はリング上でのアリの勇姿を覚えているが，彼らは彼の精神をより称賛する。人々は，アリがどんな時でもどんな状況にあっても自分を信じ続けるので，彼を称賛するのだ。そのお返しに，彼は自分の世界的な名声を何百万の人々を救うために活用してきた。さかのぼること 1975 年，記者が⑪どのように人々に記憶されたいか尋ねた。彼は，「ヘビー級のタイトルを獲得し，すべての人々を平等に扱った黒人の男として。自分を尊敬する人を決して見下さなかった人として。できる限り多くの人々を助けた男として」記憶されたいと言った。ほとんどの人々は，彼のことを最も偉大な人物として記憶するだろう。

問 1　下線部①を含む 1 文の直前の 1 文参照。

問 2　ア　「彼は以前ほど機敏ではなく」　下線部②の直後の部分参照。〈not as ＋形容詞［副詞］＋ as ～〉で「～ほど…ではない」という意味。

問 3　下線部③は「…した結果～する」の意味の副詞的用法の不定詞。　ア　「見るための」で形容詞的用法。　イ　「成長して偉大な作家になった」で結果を表す副詞的用法。　ウ　「解決すること」で名詞的用法。　エ　「勉強するために」で目的を表す副詞的用法。

問 4　下線部⑤の直後の 1 文参照。

問 5　下線部⑨の直前の文参照。「彼の顔は仮面のままだった」の「仮面」とは，表情の変わらない顔のことをたとえた言葉だと考えられる。

問 6　⑥　〈Though ＋主語 A ＋動詞 B, 主語 C ＋動詞 D〉で「A が B だが C が D」という意味。no longer ～で「今はもはや～しない」という意味になる。　⑦　because of ～ で「～のために」という意味。〈比較級＋ and ＋比較級〉は「だんだん～」という意味になる。〈make A B〉で「A を B にする」という意味の第 5 文型。

問 7　〈allow ＋人＋ to ＋動詞の原形〉で「（人）が～するのを可能にする」という意味。〈so ～ that ＋主語＋ can［could］＋動詞〉で「とても～なので…できる［できた］」という意

第1回

第2回

第3回

第4回

第5回

第6回

第7回

第8回

第9回

第10回

解答用紙

味になる。

問8　下線部⑨の an amazing moment は下線部⑨の直前の 2 文目にある the magic moment のことである。この 1 文にある「チャンピオン」とはアリのことであり，「ふたたび世界の前に出る」とはオリンピックの開会式に登場したことである。

問9　下線部⑩の直後の 1 文参照。

問10　下線部⑪の直後の 1 ～ 3 文参照。

問11　(1)「1975 年の『スリラー・イン・マニラ』から彼の引退まで，アリはヘビー級チャンピオンのままだったか」第 1 段落最後から 5 文目参照。アリはチャンピオンのタイトルを失ったのだから「いいえ」である。　(2)「アリはいつ最終的に戦うのをやめたか」第 2 段落第 5 文参照。1981 年である。　(3)「アリは引退後，何と戦ったか」第 2 段落第 6・7 文参照。彼はパーキンソン病と戦ったのである。　(4)「モハメド・アリ・センターでは私たちは何を学ぶことができるか」第 6 段落最後の 2 文参照。アリの驚嘆すべき人生の物語を学ぶことができるのである。

問12　(1)「レオン・スピンクスは 1 年未満だけチャンピオンのままだった」（○）第 1 段落最後から 5 ～ 2 文目参照。　(2)「アリにとって家族はとても大切だったので，母と同様に父を身近に感じた」（×）第 3 段落第 3 文～最終文参照。父を親しいと感じなかったのである。　(3)「アリは紛争のあるいくつかの国を訪れ，病院や学校を建てることで助けようとした」（×）下線部⑧の直後の 1 文～第 4 段落最終文参照。人質の解放や医療物資の提供などの支援をしたのである。　(4)「1996 年のオリンピックの開会式で，世界中の人々はアリが現れるのを待っていた」（×）第 5 段落第 1・2 文参照。アリが現れることは秘密だったのである。　(5)「1996 年のオリンピックのあと，アリはマスメディアに称賛された」（○）第 6 段落第 1 ～ 4 文参照。　(6)「アリは最も偉大な人の一人とみなされるだろう」（○）最終段落最終文参照。

2　（会話文読解：語句補充，文補充，語句解釈，和文英訳）

(全訳)

ジャック：チャンキー・チョコクッキーのテレビコマーシャルを見たかい，メアリー？

メアリー：ええ，いいと思ったわ。そのキャッチフレーズがいいわ。

ジャック：僕もだよ。本当に覚えやすいよね。きっと(1)覚えると思うよ。

メアリー：ええ，あなたはそのキャッチフレーズは忘れないでしょうけど，製品は買うつもり？

ジャック：必要がなければ買わないよ。

メアリー：でも，そこが広告よ。広告は私たちに，(2)もし製品を買えばうれしいだろうと伝えるのよ。だから私たちは必要のないものを買ってしまうのよ。

ジャック：ⅰそんなに深刻に物事をとらえることはないよ。広告は楽しいものが多いね。YouTube のハンバーガーのすごい広告を見なかった？

メアリー：数日ですぐに広まったやつのこと？　ええ，あれは本当におもしろかったわ。でも，企業は広告にお金を使いすぎだとちょっと思うわ。

ジャック：そんなことはないよ。現代のメディアを使えば，会社はすばやく安価に顧客を標的にすることができるよ。そのような会社にとっては，インターネットで何百万もの人々

とつながるのは簡単だ。それはウェブバータイジングと呼ばれていて，新しい顧客を得る(3)簡単な方法なんだ。

メアリー：でも，インターネットの広告はうっとうしいわ。興味のないもの【A】のばかげた広告なんか見たくないわ。

ジャック：言いたいことはわかるよ。でも広告は簡単に消すことができる。

メアリー：あなたは本当に広告ファンのようね，ジャック。

ジャック：ⅱ全部の広告というわけではないよ。有名人が何かを販促するとばかばかしいと思うよ。映画スターなんかが使っているからと言ってその製品の方が優れているとは思わないね。

メアリー：ⅲ私もよ。映画スターと同じ化粧品を使えば自分も彼女のように見える—とかいうものでしょう？

ジャック：うん，ばかげているね。でも僕はほとんどの種類の広告が好きだよ。たとえばネオンサインは町を(4)色とりどりにしてくれる。そして，インターネットを通して【B】会社が僕を標的にしても僕には問題ではないよ。そうして僕は興味のある製品についてすばやく情報を得ることができる。

メアリー：うーん，私は携帯にメールが来たら嫌だわ。先週，新しいスポーツシューズ(5)を得ようとインターネットで調べたの。そのあと町にいるときに，スポーツシューズのキャンペーンセールについてスポーツ用品店からメールが来たのよ。(6)見上げて自分がその店のすぐ外にいることがわかったの！　だれかが私を監視しているような気がするわ！

ジャック：ええと，それは君の携帯にGPSの受信機能があるからだよ。それは現代の技術だ。もし携帯を捨てれば広告主は君を見つけることができないさ！

メアリー：だめよ！　携帯がないと生きていけないわ！

問1　全訳参照。(1)　直後のメアリーの発言「あなたはそのキャッチフレーズは忘れないでしょう」に合うように，remember を入れて，「それ (＝キャッチフレーズ) を覚えると思う」とする。　(2)　広告の狙いは，「製品を買えばうれしい気持ちになる」と消費者に訴えることである。条件を表す接続詞 if が適切。　(3)　ジャックはインターネットを利用した広告について説明している。直前の文で，「インターネットで何百万もの人々とつながるのは簡単だ」と言っているので，ウェブを使った広告は「簡単な方法」ということになる。(4)　ネオンサインが町にもたらす効果を述べているので，colorful「色とりどりだ」が適切。　(5)　メアリーはスポーツシューズを探していたのだから，「〜を求めて[得ようとして]」の意味の for が適切。　(6)　インターネットでスポーツシューズを探して町に出たところ，検索した店からメールが届いたという流れ。ふと「見上げる」とそこが店だった，とすると状況に合うので，up を入れる。

問2　全訳参照。(ⅰ)　メアリーが広告について否定的な意見を述べたのに対し，ジャックは空所のあとで「広告は楽しいものが多い」と逆に肯定的な意見を述べているので，2 が適切。　(ⅱ)　ジャックが広告好きだと言うメアリーに対し，ジャックは空所のあとで「有名人が何かを販促するとばかばかしいと思う」と，すべての広告が良いと思っているわけ

ではないことを述べているので，1 が適切。(iii) ジャックの「映画スターなんかが使っているからと言ってその製品の方が優れているとは思わない」という否定文に，メアリーも空所のあとで同調しているので，否定の内容を受けて「私もまた～ない」の意味を表す Me, neither. が適切。

問3 メアリーは「インターネットの広告はうっとうしい」とインターネットの広告のわずらわしさについて述べているので，その意見に合うようにウを入れる。アは「～のために買い物に行きたくない」，イは「人々が～を買うのを見たくない」，エは「～を探したい」，オは「～にお金を使いたい」という意味。

問4 celebrities の具体例が「映画スター」なので，イが適切。アは「忙しい売り手」，ウは「優良な会社」，エは「大量に買い物をする人」，オは「裕福な広告主」という意味。

問5 ジャックはインターネットも含めて広告を好意的に受け止めているので，メアリーと違い，インターネットの広告も気にならないという立場である。したがって，広告の標的にされることを否定する内容になるウ「会社は僕を標的にしていないと思う」が不適切である。アは「会社が僕を標的にしても僕には問題ではない」，イは「会社が僕を標的にしても気にならない」，エは「会社が僕を標的にするのは好都合だ」，オは「会社が僕を標的にするのは歓迎だ」という意味で，いずれもインターネットの広告をわずらわしいと思わない内容である。

問6 メアリーが店のすぐ前に来たタイミングで店から広告のメールが来たことから，人物の位置を特定する機能のことと考えられる。したがって，オ「人がどこにいるのかを示す」が適切。アは「受け取った迷惑メールを遮断する」，イは「いつ地震が起こるかを知らせる」，ウは「ウイルスからコンピュータを守る」，エは「E メールのメッセージを送る」という意味。

問7 〈It is ～ for … ＋ to ＋動詞の原形〉「…にとって一することは～だ」の構文で表すとよい。「何百万もの～」は millions of ～，「～とつながる」は reach で表す。

3 (語句補充：疑問詞，熟語，接続詞)
(1) 「この状況についてあなたはどう感じますか？」 how「どのように」
(2) 「私は来月ドイツへ旅行に行く」 go on a trip to ～「～へ旅行に行く」
(3) 「どちらのチームが勝つかはだれもわからない」 Who knows?「だれがわかるだろうか」→「だれもわからない」
(4) 「私が戻るまで私の犬を見ていてください」 接続詞 until「～まで(ずっと)」

4 (語句整序：比較，関係代名詞，SVOC，間接疑問，不定詞，so ～ that)
(1) (This video game) is more exciting than the one that I played (last week.) 「私が先週やった」という部分が「ゲーム」を修飾しているので，目的格の関係代名詞を用いる。
(2) The job made her a very good speaker of French(.) 〈make A B〉で「A を B にする」という意味になる。
(3) (Do you know) how long it will take to get to the station(?) 〈it takes ＋時間＋ to ＋動詞の原形〉で「～するのに(時間)かかる」という意味になる。並べ換える部分が know の目的語になる間接疑問なので，〈疑問詞(how long)＋主語＋動詞 ～〉の語順にする。

（4）（I）was <u>so</u> tired that I <u>went</u> to bed at（nine o'clock last night.）〈so ～ that …〉で「とても～なので…」という意味になる。

---

5 （正誤問題：接続詞，付加疑問文，動名詞，不定詞，比較）

1. 「ジェニファーは京都に滞在している間に多くの古い寺を訪れた」during は「～の間に（期間）」の意味だが前置詞なので，あとに〈主語＋動詞〉の形は続かない。接続詞 while を使って while she stayed in Kyoto と表す。during を使うなら，名詞の stay を使って during her stay in Kyoto と表す。

2. 「テッドは突然怒り出して昨夜家を出ていきました。彼はまだ帰ってきていません」「本当ですか？　そのとき何が起こったのですか？」happen は「（出来事などが）起こる」という意味の自動詞なので，受動態にしない。

3. 「次に何をしましょうか？」「郵便局に行って 82 円切手を買ってきてくれますか？」英文は正しい。will you は命令文を付加疑問文にするときに用いられ，ていねいに依頼する内容の文になる。

4. 「私は 10 年前に彼女に会ったことを決して忘れないだろう」forget や remember のあとに〈to ＋動詞の原形〉（不定詞）を続けると，「（これからすること）を忘れる［思い出す］」という意味になる。「（過去にしたこと）を忘れる［思い出す］」と言うときは～ing 形（動名詞）を続けて表す。

5. 「ジョシュアは家に財布を置き忘れ，私にお金を貸してくれと頼んだ」〈ask ＋人＋to ＋動詞の原形〉の構文。この場合，不定詞の意味上の主語はその前の「人」になる。「私」はお金を貸す方なので，borrow ではなく lend が正しい。

6. 「報告書には，この国で売られている薬は他の国々で売られているものよりも 3 倍高いと書いてある」「～倍…」は，比較級の前に「～倍」を表す語句を置いて表すので，「3 倍高い」は three times more expensive と表す。

第
1
回

第
2
回

第
3
回

第
4
回

第
5
回

第
6
回

第
7
回

第
8
回

第
9
回

第
10
回

解答用紙

解　答

1 問1　(you) イ　　(me) ア　　(her) カ　　問2　eight forty-five
　　問3　ア，オ，カ　　問4　エ　　問5　(例)　予定の場所に行くことに同意して
　　問6　カ→エ→イ→(ウ)→オ→ア　　問7　Billy
2 問1　イ　　問2　ア　　問3　work [anything]　　問4　(3番目)　キ
　　(6番目)　カ　　問5　エ　　問6　イ　　問7　A カ　　B イ　　C ア
3 記号，語句の順　(1)　ア，or　　(2)　イ，from
4 (1)　ウ　　(2)　イ　　(3)　エ　　(4)　エ
5 (1)　ago　　(2)　if　　(3)　how　　(4)　gone
6 (1)　(例)　to be a doctor and help sick people
　　(2)　(例)　went to Hokkaido with my family
　　(3)　(例)　than most homes in the USA and Europe
　　(4)　(例)　in the world is France, and I want to go there someday

配点　1 問1・問3　各2点×6　　他　各3点×5 (問6は完答)
　　　2 各3点×9 (問4は完答，問7は各3点)
　　　3 各3点×2　　4 各3点×4　　5 各3点×4
　　　6 各4点×4　　計100点

解　説

1 (長文読解 (物語文)：指示語，内容吟味，文補充，文整序，英問英答)
(全訳)

　トミー・グラントはロンドンのタクシー運転手だった。彼はトップ・タクシーに勤めていた。ある日，トミーの上司のサムが彼に電話をかけた。朝とても早い時間だった。サムは，「トミー，9時にリッツ・ホテルに行けるかい？」と言った。トミーは，「はい，でもなぜですか？」と言った。サムと彼の妻は，息子と娘であるビリーとケイティーと一緒に朝食を食べていた。「グロリア・ブラッシュがロンドンにいるんだ」とサムは言った。「グロリア・ブラッシュ！」とトミーは言った。「映画スターだ！　①私に彼女をどこへ車で連れて行ってほしいんですか？」サムは，「彼女ではないんだ。彼だ。彼女の12歳の息子のディノが今日，ロンドンを見物したがっているんだ。彼の母親は仕事をしている。リッツに君宛の手紙がある。50ポンドもある。ディノのためのものだ」と言った。「ロンドンで1日過ごすのに50ポンドですか！　大金ですね」とトミーは言った。サムは，「わかっているよ。その男の子にとても親切にしてやるんだぞ，トミー，そして遅刻するなよ」と言った。トミーは，「私をご存知でしょう。私はいつでも早く行きますよ」と言った。

②8時45分だった。トミーは15分早くリッツにいた。彼はフロントに行った。「トップ・タクシーの者ですが」と彼は言った。

フロントの向こうの女性が彼に手紙とお金を渡した。その手紙には，「ディノの初めてのロンドンです。彼を次の場所へ連れて行ってください。ABCバッキンガム宮殿，ハロッズ，大英博物館」と書いてあった。「了解」とトミーは思った。「さて，ディノはここにいるんですか？　私は早く来てしまいましたが…」

彼はいすに座っている少年を見た。「こんにちは，あなたがディノですか？」と彼は言った。少年は，「僕です。あなたはトップ・タクシーの運転手さんですか？」と言った。「はい」とトミーは答えた。

少年は立ち上がった。「よし，行きましょう」と彼は言った。

最初に，トミーは女王の住まい，バッキンガム宮殿へ車で行った。彼はタクシーを停めた。「何をしているの？」とディノが尋ねた。「僕はこんな古い所を見たくないよ」　トミーは彼を見た。「でも私は…」そのとき，彼はサムのX「その男の子にとても親切にしてやるんだぞ」という言葉を思い出した。「わかりましたよ，ディノ」と彼は言った。「どこに行きたいですか？」

5分後，トミーはビデオ・パレスというゲームセンターの前で再びタクシーを停めた。「ここがその場所ですか？」と彼は尋ねた。「そうだよ」とディノが答えた。「20ポンドもらえる？」「でもあなたのお母さんが…」「20ポンドほしいんだ。さあ！」

トミーはディノにお金を渡した。それから彼は車の中に座って待った。3時間後，ディノが戻って来た。「もうおなかがすいているでしょう？」とトミーが尋ねた。「うん，すいてるよ」とディノは答えた。「とてもおなかがすいているよ」

トミーは車でハロッズまで行った。「このお店にはおいしいレストランがあるんですよ」と彼は言った。「ここでは食べたくないよ！」とディノは言った。「僕はあそこでお昼を食べたいんだ」「どこですか？」とトミーは尋ねた。彼は道路の向こう側を見た。

ディノはもう20ポンドを持ってビッグ・バーガー・バーに入って行った。彼は山のような食べ物を食べ，ミルクシェイクを4杯飲んだ。トミーはタクシーの中で昼食をとった。彼は，「昼食に20ポンドか！　20ポンドで1週間分の食べ物が買えるな」と思った。彼は窓の外を見て，サンドイッチをもう一つ食べた。

1時間後，ディノがレストランから出て来た。

トミーは，X「その男の子にとても親切にしてやるんだぞ」と自分自身に言った。「今度は大英博物館に行きたいですか？」と彼は尋ねた。「いいよ」とディノが答えた。

トミーは彼を見た。「行くんですね？」③トミーはとてもうれしかった。彼は大英博物館まで運転して，ディノに10ポンド渡した。「ありがとう」とディノは言った。「ここで待っててね」それから彼は，博物館の向かいの映画館に入って行った。

4時15分にディノは映画館から出て来た。トミーはタクシーの中に座っていた。彼はとても怒っていた。「今度は―あなたは―どこへ―行きたいですか？」と彼は尋ねた。「ああ，リッツに戻ろうと思うよ」とディノは言った。「疲れたから夕食の前にお風呂に入りたいんだ」「よかった」とトミーは思った。

トミーは再び車を走らせた。

4時半にトミーはホテルの前で停まった。「さあ，着きましたよ」と彼は言った。彼はディノの

ためにドアを開けた。そのとき，とても高価なコートを着た美しい女性が見えた。彼女はリッツから歩いて出て来て，彼を見ていた。「あの女性を知っているぞ」とトミーは思った。それから彼は思い出した。「まちがいない，グロリア・ブラッシュだ！」

ヵ「あなたがトップ・タクシーの方ですか？」とグロリアが尋ねた。「はい」とトミーは言った。

ェ「一緒に来てちょうだい」と映画スターは言った。彼女は歩いてホテルに入って行った。そこで，トミーは少年がいすに座っているのを見た。彼はとても悲しそうだった。

ィ「これが息子のディノよ」と彼女は言った。「でも，でも…」トミーは何も言えなかった。

ゥ「私はとても怒っています」とグロリアは言った。トミーはその少年を見て，映画スターを見て，そしてその幼い少年を再び見た。

ォ「でもこの子がディノのはずはありません！」と彼は言った。「ちょっとあなた，私は自分の息子はわかります！」とグロリアは答えた。「さあ，私の 50 ポンドはどこにあるんです？」

ァトミーの顔は真っ青になった。彼は窓の外を見た。彼のタクシーはそこにあったが，「ディノ」はいなかった。

午後 5 時だった。トミーの上司のサムは家にいた。彼と彼の妻はお茶を飲んでいた。ドアが開いて，彼らの息子が歩いて入って来た。「やあ」とサムは言った。「学校は楽しかったかい？」少年はとてもうれしそうだった。彼は，「うん，ありがとう。とっても楽しかったよ」と言った。

問1　下線部はトミーの発言で，話している相手は上司のサム。したがって，you はサム，me はトミー自身，her はサムの「グロリア・ブラッシュがロンドンにいるんだ」という発言に出てきたグロリア・ブラッシュを指す。

問2　第 1 段落第 6 文で，サムがトミーに 9 時にリッツ・ホテルに行けるかどうか尋ねているので，トミーがホテルに行くべき時間は 9 時である。また，空所を含む文の直後に，「トミーは 15 分早くリッツにいた」とあるので，トミーがホテルに着いた時刻は 8 時 45 分である。

問3　空所には，グロリアが息子を連れて行ってほしかった場所が入る。トミーが最初に少年を連れて行こうとしたのは第 6 段落第 1 文の「バッキンガム宮殿」，次に連れて行こうとしたのは第 9 段落第 1 文の「ハロッズ」，最後に連れて行こうとしたのは第 12 段落第 2 文の「大英博物館」。したがって，この 3 か所以外のア，オ，カが正解。

問4　トミーは少年の身勝手な行動に腹を立てながらも，少年の機嫌をそこねないように振舞っていることから，エ「その男の子にとても親切にしてやるんだぞ」という第 1 段落にあるサムの言葉を入れる。

問5　下線部③は，大英博物館に行きたいかと少年に尋ねたところ，それまでと違って，少年が「行きたい」と答えた場面。少年が初めて予定通りの場所に行きたがったことが，トミーが喜んだ理由と考えられる。

問6　全訳参照。トミーとグロリアとのやり取りが中心なので，最初に交わす言葉として自然な「あなたがトップ・タクシーの方ですか？」で始まるカで始める。その後は，ホテルに入る→トミーの知らない少年がいる→グロリアがその少年が自分の息子であると言う，という流れをつかむ。

問7　質問は「だれがうそをついて 50 ポンドを使いましたか」という意味。グロリアの息

子を装って，タクシーで行きたい場所をめぐり，ゲーム，昼食，映画で50ポンドを使っ たのは，最後の場面で 自分の家に戻った，サムの息子のビリーである。答えの文の did は told a lie and spent the £ 50 を指す。

2 （長文読解（論説文）：適語補充，適語・適文補充，語句整序）
（全訳）

「愛する職業を見つけなさい。そうすれば人生のうち一日たりとも働かなくて済む」 あなたは この格言に賛同しますか？ ジョアン・ゴードンは賛同する。彼女は『Be Happy At Work』お よび他のキャリアに関する本の筆者である。ゴードンは，北アメリカの従業員のおよそ30％は 自分の職業が好きではないと推定しており，それをおそろしいことだと考えている。彼女は，自 分の職業に満足していない人たちが自分に適した仕事を(1)見つけるのを手助けしたいと思ってい る。現在，だれかを幸せにできる職業はごくわずかな種類しかないと言う人もいるだろう，(2)し かし実際は，様々な種類の多くの仕事が楽しくて価値のあるものになりうる。ジョアンは「幸せ な職業というのは存在しません。存在するのは，幸せな従業員です」と言う。幸せな従業員には 共通する3つの特徴があると彼女は確信している。

第1に，幸せな従業員は[A]ヵ自分の職業の毎日の活動を楽しみ，勤務日を心待ちにする。トニー・ ホークを例にとってみよう。14歳で彼はプロのスケートボーダーになり，16歳で世界一になっ た。現在彼は，たとえば映画やテレビゲームなどの，スケートボードに関係する企画に取り組む ビジネスマンだ。だが彼は今でも毎日スケートボードをしている。彼はかつて言った。「末息子 の幼稚園のクラスでは最近，お父さんは何の仕事をしていますか？ と質問されました。返事は 『私のパパはお金を売っています』とか『僕のパパは考えることが仕事です』のようなものでした。 私の息子は『僕はパパが(3)仕事［何か］をしているのを一度も見たことがありません』と言いま した」 トニーは，自分の職業は仕事のように見えないし，仕事のようにも感じない，と認めて いる。彼は[4]自分が楽しめる職業をしながら毎日を過ごす方法を見つけたのだ。

第2に，幸せな従業員は[B]ィ一緒に働く人たちのことが好きだ。サリー・エイヨットは「私のチー ムメートは世界一カッコいい人たちです。国中の人たちがここに来たいと思っていて，私たちは 最高の人材を得られます」と言う。彼女と仲間たちは，南極大陸にいるおよそ1,200人のために 料理を作る。これらの人たちのほとんどが調査を行う科学者だ。サリーは彼らと一緒に座って話 すことが大好きだ。彼女は言う。「半年間キッチンで一緒に過ごしたり，食事中におしゃべりし たりすれば，一生の友達を作ることは簡単です。ここにはテレビもラジオもないので，科学者た ちを知り，彼らが研究していることもわかるようになりました」 サリーは，自分は素晴らしい 職業を得て，その中で最高の部分は人である，と思っている。

第3に，幸せな従業員は[C]ァ自分の仕事が他の人たちの役に立っていることを知っている。キャ ロライン・バロンの仕事は，難民，つまり戦争や他の危険のために祖国を離れなくてはならない 人々を支援する。彼女はフィルムエイドという組織を立ち上げた映画製作者で，それは難民キャ ンプで映画を上映する。一つの理由として，娯楽映画は難民たちに少しの間，苦難を忘れさせる。 映画はまた，健康や安全といった重要なことを教えることもできる。(5)たとえば，あるキャンプ では，何千人もの難民たちが清潔な水を手に入れる方法に関する映画を見た。キャロラインは， 多くの難民たちが映画プログラムがあってよかったと思っていることを知っている。ある難民は

「フィルムエイドは人々を幸せにします。人々は平和に一つになります」と言った。キャロラインは自分が人々の役に立っていることを知っており，このことで彼女は自分の仕事に誇りと幸せを感じる。

　トニー・ホーク，サリー・エイヨット，キャロライン・バロンは皆，自分の仕事から大変な満足感を得ている。だが，仕事での幸せは本当に重要だろうか？　(6)トニー・ホークはそう考え，「自分の大好きなことを見つけてください。仕事が趣味のように感じられ，自分は大好きなことをしているのだと感じるならば，お金持ちになったり有名になったりするよりもずっと大きな幸せがあります」と言う。ジョアン・ゴードンも賛同するだろう。彼女は，人々が大きな喜びを得るものを見つけ，好ましく尊敬できる同僚を見つけ，人々を助ける方法を見つけるよう奨励している。そうすれば人々は自分のやっていることに誇りを持ち，仕事に幸せを感じるだろう。

問1　〈help ＋人＋動詞の原形〉の形。「(人)が～するのを助ける」という意味で，find は動詞の原形に当たる部分。「人」は people から jobs まで。

問2　だれかを幸せにできる仕事は少ないという内容の文と，実際は楽しく価値ある仕事は多くあるという内容の文をつなぐにはア but「しかし」が適当。

問3　話の流れから考えると，息子の目には父親のトニーが仕事をしているようには見えなかったという内容になるはず。したがって work [anything] を入れ「パパが仕事[何か]をしているのを一度も見たことがない」という文にする。

問4　(He has found) a way to spend each day doing (a job he enjoys.)　〈a way to ＋動詞の原形〉「～する方法」　spend each day doing ～「～をして毎日を過ごす」

問5　前文で，映画で重要なことを教えることができると書いてあり，空所のあとに清潔な水を手に入れる方法についての映画を見せたことが書かれているので エ For example「たとえば」が適当。ア「つまり」，イ「さらに」，ウ「しかしながら」

問6　愛することを仕事として，仕事を楽しんでいるのは Tony Hawk。

問7　全訳参照。ウ「自分たちの社会的地位に誇りを持つ」　エ「他の人たちがどう思おうと気にしない」　オ「余暇生活を送る」　キ「何が人々を働かせるのか理解する」

[3]　(語句補充：接続詞，前置詞)
(1)　ア　「もっとゆっくり運転しなさい。さもないと事故を起こします」〈命令文, or …〉「～しなさい，さもないと…」の構文。　イ　「リサは中国語を話すことも書くこともできる」〈both A and B〉で「AとBの両方」という意味。　ウ　「あなたは何度も何度も練習するべきだ」　again and again で「何度も何度も」という意味。
(2)　ア　「平和は笑顔から始まる」begin with ～ で「～から始まる」という意味。　イ　「チーズは牛乳から作られる」〈A is made from B〉「AはBから作られる」　原材料が原形をとどめていない場合は be made from ～ という形。　ウ　「この間の土曜日，私は祖父の所に滞在した」　stay with ～で「～の所に滞在する」という意味。

[4]　(語句選択：比較，慣用表現，不定詞，接続詞)
(1)　「私は兄ほど上手に歌わない」　well は一般動詞のあとに置くことから考える。

(2) 「私は図書館に行く途中,先生に会って驚いた」 on the way to ～で「～へ行く途中に」という意味。

(3) 「彼女は一人で海外に行くのに十分な年齢だった」〈形容詞[副詞]＋ enough to ＋動詞の原形〉で「～するのに十分…」という意味。

(4) 「私は今朝とても早く起きたが学校に遅れた」 前後の内容が対立していることから考える。even though ～で「～にもかかわらず」という意味。

5 （同意文書き換え：現在完了,接続詞,不定詞）

(1)　a)は「私はこの市に15年間住んでいる」という意味。b)は過去の文なので,「私は15年前にこの市に住み始めた」と言い換え,空所に ago を入れる。

(2)　a)は「あなたは今日,仕事をするべきではない。家に帰って休むことで,あなたは具合がよくなるだろう」という意味。by ～ ing「～することによって」 b)は空所の前後に〈主語＋動詞〉があることから接続詞が入ると考え,if を入れ「家に帰って休まなければ,あなたはよくならないだろう」という意味の文にする。

(3)　a)は「私は美術館への道を知らないので,あなたの助言が必要だ」という意味。b)の Could you ～ ? はていねいに依頼する表現で,空所のあとに〈to ＋動詞の原形〉があることから,how to ～「～の仕方」を用いて,「美術館への行き方を教えてくれませんか?」という意味の文にする。

(4)　a)は「父は今ここにいない。たぶんスーパーマーケットに行った」という意味。b)は I think ～「～だと思う」の文で,あとに「父はスーパーマーケットに行ってしまった(だから今ここにいない)」という内容を続ける。「～へ行ってしまった(だから今ここにいない)」は have[has] gone to ～ で表す。

6 （条件英作文：不定詞,比較,接続詞）

(1)　in the future「将来」 want to be ～「～になりたい」を使って書くのがよい。want to be のあとになりたい職業を続け,さらにそのあとに because 節で理由を補足するか,関係代名詞節を続けてその職業を説明するなどの方法がある。

(2)　Last summer「この前の夏」とあるため,went to ～「～へ行った」や visited「訪ねた」で行った場所を続けたり,studied「勉強した」や practiced「練習した」などを続けるとよいだろう。さらにそのあとに,不定詞の副詞的用法「～するために」を続けてその行動をした目的を表すこともできる。

(3)　smaller のあとを補うため,まずは than ～「～よりも」をつける。6語以上という条件を満たすために,さらにそのあとに関係代名詞節や場所を表す表現を加えるとよいだろう。

(4)　I think のあとには接続詞 that が省略されていると考えると文が作りやすい。that 節の主語は the most interesting country なので,まずは〈is ～〉と国の名前を続け,6語以上という条件を満たすために,さらにあとに〈because 主語＋動詞〉や〈and ～〉を続けるとよいだろう。

不定詞

名詞的用法，形容詞的用法，副詞的用法（目的，原因・理由）が基本用法。他にも，不定詞を用いた次のような表現がある。

▶〈It is ～（for ＋人）＋ to ＋動詞の原形〉「…することは（人にとって）～だ」

It is *necessary* **for** *you* **to study** every day.

「毎日勉強することがあなたには必要だ」

It は形だけの主語(形式主語)。to study 以下が意味の上での主語（真主語）

▶〈疑問詞＋to ＋動詞の原形〉 動詞の目的語になる。

I know **how to get** there.

「私はどうやってそこへ行けばよいか知っている」 SVO の文

He told *me* **what to do** next.

「彼は私に次に何をするのか教えてくれた」SVOO の文

〈疑問詞＋to ＋動詞の原形〉は目的語になる。第 4 文型でも用いる。

▶〈want／tell／ask＋人＋to ＋動詞の原形〉

I **want** *you* **to come** here. 「私はあなたにここへ来てほしい」

He **told** *me* **to hurry**. 「彼は私に急ぐように言った」

▶〈too ～（for ＋人）＋ to ＋動詞の原形

「（人が）…するにはあまりにも～，～すぎて…（人には）できない」

This tea is **too** *hot* **to drink**. 「この紅茶は熱すぎて飲めない」

to drink の前に for me を入れると「私には飲めない」の意味になる。

▶〈enough（for ＋人）＋ to ＋動詞の原形〉「（人が）…するのに十分～」

He is *old* **enough to drive** a car. 「彼は車の運転ができる年齢だ」

enough は「十分なほど」の意味で old を修飾している。

解 答

1　問1　(1) イ　(2) オ　(3) カ　(4) ア　(5) エ
　　問2　B　問3　イ, ウ, カ
2　問1　weren't　問2　A オ　B ア　C ウ　D キ　E エ
　　問3　above　問4　3　問5　ウ
3　(1)　the first man to come to school and the last to leave　(2)　from a friend
　　whose wife is going to have　(3)　told the foreign woman to keep to the left
4　(1)　minute　(2)　neighbor　(3)　stamp　(4)　village　(5)　volunteer
5　(1) オ　(2) ア　(3) イ　(4) エ
6　①　(例)　Because they don't help me with my housework at all.
　　②　(例)　in my opinion, television isn't always bad for children.

配点　1～5　各3点×30（1問3は各3点）
　　　6　各5点×2　　計100点

解 説

1　(長文読解(エッセイ)：語句補充, 内容吟味, 内容一致)
(全訳)――――――――――――――――――――――――――

　今日, 私は作文について記す。私たちはみな, 良い文章と悪い文章を経験しているが, その違いは一体何か, そしてなぜそれが問題になるのだろうか？

　悪い文章は私の人生の方向を変えた。私は良いフィクションが大好きだったので, 文学の博士号を取得するために勉強していた。運の悪いことに, 文学を学ぶ学生は(1)多くの時間, 他の教授たちが文学について書いたものを読んで過ごす。つまり, 文学批評や批判理論だ。ときどき私は, 本当に私に訴えかけてくる評論に出会ったが, 課題読書のほとんどは読むに堪えないものだった。

　私が書いた評論に対する, ある教授のコメントを私はきっと忘れないだろう。彼女は, 私がはっきりと簡潔に書いたことに感謝し, 自分の生徒の論文のほとんどは理解不能だと言った。私は彼女が意図することがはっきりわかった。多くの学者や専門家たちは専門用語を使い, (2)重要または難解に聞こえるよう, 言葉を高尚にする。彼らは自分が何について話しているのかわかっていないため, 実は装飾的な言葉の後ろに隠れていることもあるのだ。結局, 私は(3)ひどい英語を読むのを避けるため, 大学院から進路を変えた。

　良い文章は, だれが聞き手であっても, 明確かつ簡潔だ。日本人の読者の中には, 私が第2言語の学習者のために文章を簡単にしていると思う人もいるかもしれない。私はそういうことはしていない。日本人の聞き手のために書くことは, (4)何が良い文章において大切かを思い出す, 完

璧な方法だ。

　ウィリアム・ジンサーが彼の名作である実用書 On Writing Well（『うまく書くには』）で述べたように，「良い文章の秘訣は，すべての文をその最も純粋な構成要素までそぎ落とすことである」。言い換えれば，不必要な単語を切り落とし，難解で長い単語よりも短くて簡単な単語を使うということだ。

　どちらの文のほうが良いだろうか？　あなたが決めよう。

[A]：ソーシャルメディアプラットフォームは，教室外のコミュニケーションの機会を増すために利用される。

[B]：生徒たちがクラスの外でもよりよくコミュニケーションできるようにするため，私たちはフェイスブックやツイッターを使う。

　私は子供の頃，(5)簡単な歌を複雑に歌って，難解な言葉をからかったものだった。あなたはこれがわかるだろうか？　「3匹の視覚障害のげっ歯類の動物，3匹の視覚障害のげっ歯類の動物，彼らが巡回する様子を観察しよう」　それはもちろん，この歌の出だしだ。「3匹の目の見えないネズミ，3匹の目の見えないネズミ，彼らが走る様子を見よう」

　これらすべてから得る1つの教訓は，上手に書くことは装飾的な英語をあまり必要としないということだ。あなたがこのエッセイを読んで理解しているなら，あなたはおそらく自分でも良い英語が書けるだろう。友人たちと英語だけのフェイスブックグループを作って練習したり，日記をつけたりするのも良い。それは新年をスタートする楽しい方法かもしれない！

問1　全訳下線部参照。

問2　筆者は，短く簡単な単語を使うべきだと主張しているので，難しい言葉を使っているAよりも簡単な言葉を使っているBを好ましいと考える。

問3　ア「筆者は簡単な英語で書いている，なぜならそれは日本人読者に向けたものだからだ」（×）　イ「筆者は，自分の仲間の文学専攻の学生たちの論文の書き方が気に入らなかった」（○）　ウ「読者がそのエッセイを読んで理解することができれば，良い英語を書けるだろう」（○）　エ「筆者は良いノンフィクションよりむしろ良いフィクションを読みたい」（×）　オ「英語だけのフェイスブックグループを作ることは，あなたの文章を良くする唯一の方法だ」（×）　カ「筆者は，ウィリアム・ジンサーが自書で書き方について述べていることに同意している」（○）

2 （会話文読解：語句補充，文補充，要旨把握）

（全訳）

息子：父さん，僕が生まれたとき，ひよこみたいに殻で覆われていなかったよね？

父　：ああ，①そうではなかったよ。なぜそんな変な質問をするんだい？

息子：僕，考えたんだけど，僕は生まれるまで母さんが体の中で守っていてくれたから安全だったでしょ，でもメンドリは卵を産んで，その上に座るよね。メンドリはひよこがかえる前に卵を割ってしまうんじゃないかと思って。

父　：それは良い指摘だね。でも実際のところ，メンドリは卵を割らないよ。

息子：Aどうして？　卵の殻がとても硬いから？

父　：いや，卵の殻自体は割れやすいけれど，卵の形に秘密がある。母さんから卵をもらってき
　　　てくれ。卵の両端を手のひらで挟んで強く握っても，割れないよ。

息子：そうなの？　やらせて。卵をちょうだい！　うわ，割れないよ，父さんの言う通りだ。

父　：でも真ん中を強く握ると割れる。やるなよ！　大変なことになる！

息子：B あ，なんてこと！　でも自分でやってみたかったんだよ…

父　：いずれにせよ，このアーチ型が秘訣だよ。曲がった形のおかげで，アーチ型の物体は上に
　　　かかる重さや圧力を体全体に等しく分散するんだ。

息子：それはちょっと僕には難しいな。

父　：じゃあ，身近な例を取り上げよう。スーパーで卵がどのように売られているか，覚えてい
　　　るかい？

息子：うん，端が上を向くよう保たれていて，水平に置かれていることは絶対にないよ。

父　：なぜなら…

息子：②上からの力に耐えることができるから，卵ケースは積み上げることができるんだ！　な
　　　るほど！

父　：賢いぞ。じゃあ，卵の殻がどのくらい強いか，見たいだろう。

息子：理科実験をしない？

父　：C うん，やろう。卵をいくつかとお皿を1枚持ってきてくれ。

息子：わかった！

父　：まず，卵の真ん中に厚いテープを張り付ける。次に，幅が狭まっている方の先端の殻を慎
　　　重に割る。小さな穴を開けて卵の中身を取り出してボウルに入れる。

息子：うん。

父　：第3に，カッターでテープ越しに切る。この過程をあと2回繰り返す。

息子：穴を開けた方の半分は必要？

父　：いや，丸いアーチ型の半分しか使わないよ。

息子：じゃあ捨てるね。

父　：さあ，お楽しみだぞ。お皿をひっくり返そう。口が開いているほうを下に向けるっていう
　　　意味だよ。

息子：こんなふうに？

父　：そうだ。用意した卵の殻を平らな面に等間隔に置き，三角形を作る。

息子：D やったよ。

父　：最後に，卵の殻の上に本や雑誌を載せる。卵は割れるか？

息子：E 確認させて。1，2，3，見て，③本1冊と雑誌12冊が上に載せられたよ！

父　：これでメンドリは卵を割らないとわかっただろう。

問1　前文 I wasn't 〜 を受け，No, you weren't. となる。

問2　全訳下線部参照。Bは，父親に「卵の真ん中を強く握るな」と言われたのに，やって
　　　しまった場面。

問3　stand forces from above で「上からの力に耐える」という意味になる。stand「〜に
　　　耐える」 from above「上から」

問4　父の最後から6番目の発言 Repeat this process two more times.「この過程（卵を半分に切ること）をあと2回繰り返す」より，卵は合計3個使ったとわかる。

問5　ウが，上からの力をアーチで分散させて支えるという原理を利用している。

3　(語句整序：不定詞，関係代名詞，時制)

(1)　直訳は「彼は学校に来る最初の人で，帰る最後の人だ」となる。〈the first … to ＋動詞の原形〉「～する最初の…」

(2)　whose は所有格の関係代名詞で先行詞は a friend。「その友人の～」という意味になる。〈be going to ＋動詞の原形〉「～する予定だ」 have a baby「赤ちゃんを産む」

(3)　〈tell ＋人＋ to ＋動詞の原形〉「(人)に～するように言う」 keep to the left「左側を進む」

4　(語彙)

(1)　「長さ60秒の期間」＝ minute「分」 この場合の second は「秒」という意味。

(2)　「隣または近くに住んでいる人」＝ neighbor「隣人，近所の人」

(3)　「総額が支払われたことを示すために買って，はがきや封筒に貼る，デザインがほどこされた小さな紙」＝ stamp「切手」

(4)　「田舎のとても小さな町」＝ village「村」

(5)　「お金を受け取らずに，好意で仕事をする人」＝ volunteer「ボランティア」

5　(正誤問題：比較，現在完了，名詞，前置詞)

(1)　オが誤り。None of the mountains is as high as Mt. Fuji.「富士山より高い山はない」とする。

(2)　アが誤り。When did his fever go down? とする。現在完了は疑問詞 when と共に使うことができない。

(3)　イが誤り。homework は不可算名詞なので How much homework did the teacher give you? とする。

(4)　エが誤り。I went fishing in Lake Biwa alone last Saturday. とする。日本語の「…へ～しに行く」は英語では go ～ing in … となり，方向を表す to ではなく，場所を表す in を用いる。

6　(条件英作文・和文英訳)

(全訳)

リー夫人：近頃うちの子供たちはテレビを見すぎていると思う。あなたもそう思わない？

リー氏　：それについてはよくわからない。どうしてそんなふうに感じるんだい？

リー夫人：(解答例の訳)①彼らは私が家事をするのを全く手伝わないからよ。この状況は彼らにとって悪い状態よ。そう思わない？

リー氏　：うーん，君に反対するつもりはないけれど，②私の意見では，テレビは子供たちにとっていつも悪いというわけではないよ。

リー夫人：ええ？　あなたの言うことが理解できないわ。どうしてそんなことを言うの？
リー氏　：たくさんの情報を得ることができるし，世界の様子が理解できるよ。

---

① 夫の1番目の発言第2文に「どうしてそんなふうに感じるんだい？」とあり，「そんなふう」とは妻の1番目の発言第1文にある「近頃子供たちがテレビを見すぎている」ことである。また，下線部①の直後に妻は「この状況は彼らにとって悪い状態」と言っていることから，「子供たちが」「テレビを見すぎている」ことによって起こっている「悪い状態」について妻は発言したと考えられる。Why? と聞かれているので Because「～だから」を使って答える。

② in my opinion で「私の意見では」という意味になる。in my opinion は I think よりはっきり個人の意見であることを強調する言い方である。頻度を示す副詞の always「いつも」は be 動詞のあと，一般動詞の前に置く。

様々な慣用表現

▶〈比較級 and 比較級〉「だんだん［ますます］～」
It is getting **hotter and hotter**. 「だんだん暑くなってきている」
The tree in my garden got **higher and higher**. 「私の庭の木はますます高くなった」
▶〈～ times as ＋原級＋ as… / ～ times ＋比較級＋ than…〉「…の～倍－だ」
China is about twenty-six **times as large as** Japan.
＝ China is about twenty-six **times larger than** Japan.
「中国は日本のおよそ 26 倍の大きさだ」
▶〈最上級＋ that one have[has]（ever）＋過去分詞〉「これまでに～した中で最も…」
This is **the most interesting** movie **that I have ever seen**.
「これは私がこれまでに見た中で最もおもしろい映画だ」
＝ I have never seen such an interesting movie.
「私はこのようなおもしろい映画を見たことがない」
▶〈比較級＋ than any other＋ 単数名詞〉「他のどの～よりも…」
He is **taller than any other boy** in my class.
「彼は私のクラスの他のどの少年よりも背が高い」
＝ He is the tallest boy in my class. 「彼は私のクラスで最も背が高い少年だ」

解　答

1　問1　(1)　イ　　(4)　ウ　　(5)　ウ　　問2　ウ　　問3　イ　　問4　②
　　問5　(A)　ア　　(B)　ウ　　問6　ウ，エ

2　問1　エ→イ→ア→オ　　問2　オ　　問3　(A)　イ　　(B)　エ　　(C)　ア
　　問4　myth　　問5　(1)　T　　(2)　F　　(3)　T　　(4)　F　　(5)　T

3　(1)　letter　　(2)　book　　(3)　chance　　(4)　order　　(5)　stand

4　(1)　(a)　ウ　　(b)　ア　　(2)　(a)　ウ　　(b)　イ

5　(1)　library　　(2)　secret

6　(1)　(例)　Can you lend me the book you were reading yesterday?
　　(2)　(例)　I haven't finished reading it yet. It will take me a few more days to do,
　　　　　　so you should ask someone else.

配点　1　各3点×10(問6は各3点)
　　　2　問1　4点　　他　各3点×10　　3　各3点×5
　　　4　各4点×2 (各完答)　　5　各3点×2
　　　6　問1　3点　　問2　4点　　計100点

解　説

1　(長文読解(物語文)：語句補充，指示語，文補充，内容吟味，内容一致)
(全訳)

　2人の少年と2人の少女。彼らは南デリーの最も交通量の多い信号にいた。少年たちは年齢が5歳か6歳くらいだった。少女たちは年上で，8歳か9歳に見えた。その道の交通量は多いので，彼ら4人は中央分離帯でゲームをしていた。道路の一方の交通が止まるとすぐに，子供たちは赤信号を見てゲームをやめた。そして彼らは汚れた布を持って車から車へと移動した。彼らはその汚れた布で車のフロントガラスを拭き，お金を要求した。何人かが1，2枚の硬貨を渡し，それよりもっと多くの人が彼らを追い払った。信号が(1)青に変わると，子供たちは中央分離帯にある自分たちの小島へ戻り，再びゲームをした。

　ランジャナは彼らを毎日スクールバスの窓際の席から見た。彼女は12歳でアイデアにあふれていた。彼女は勉強が非常に良くでき，学校のスポーツチームのメンバーだった。しかしクラスメートが彼女のことが好きな一番の理由は，心がとても優しいことだった。②暑い日に郵便局員が3階まで上がって手紙を届けてくれると，彼女は必ず彼に水をあげた。

　しかし，その12歳が両親に横断歩道にいる子供たちにお金をあげてと言おうとするたびに，彼らは彼女をとめた。「彼らにお金をあげることで，あなたは彼らがお金を無心する手助けをし

ているの。(2)彼らは他に何もできなくてなってしまうわ」といつも彼女の母親は言った。ランジャナはとても悲しかった。彼女はどうしたらあの子供たちを助けることができるか，考え続けた。

　ある日，ランジャナと兄は長い散歩に出かけた。彼らはあの交差点に着いた。その信号は彼らの家から3キロ離れていた。ランジャナは交差点でその4人の子供たちに話しかけることにした。彼女は1人1人にアイスクリームを買って，両親はどこにいるのか尋ねた。「私たちの両親は建設作業員よ。両親はたとえ具合が悪くても仕事に行かなくちゃいけないの。さもないとお給料がもらえない」と背の高い少女が言った。

　その4人の子供たちはビハール州の村の出身だった。彼らの両親はとても貧しく，都市ではもっと良い仕事が得られると思っていた。その子供たちは村では学校に通っていたが，デリーに来てから彼らの教育は中断してしまった。もう1人の少女が言った。「ランジャナ，私たちが学校をやめてから時間が経ってしまったわ。こんな風に道路にいたら，私たちはかつて学校へ通ったことを忘れてしまうでしょう。私たちはここで自分たちのやり方で物事をすることに慣れたわ。だれも私たちに何をすべきか言わないから」

　だんだんと暗くなってきた。ランジャナの兄は彼女に家に帰る時間だと言った。「バイバイ，ランジャナ，あなたはもう私たちの友達よ。今までだれも私たちにこんなふうに話しかけてくれなかった」と背の高い少女が言った。ランジャナは目に涙を感じた。帰り道，ランジャナは黙っていた。彼女はあの子供たちを助けるためにできることを見つけようとしていた。

　そのアイデアは，翌朝の朝食のときにランジャナに浮かんだ。彼女の父親は民間企業で働いていた。その朝，彼は電話で部下と話していた。「(3)それらの古いコンピュータを捨ててくれ。新しいものは明日までに届く。ともかく，これらのコンピュータはもう私たちには無用だ」

　突然，ランジャナは何をしなくてはならないか悟った。彼女は言った。「パパ，それらのコンピュータをコミュニティーセンターに持って行ってもいい？　パパはあの子供たちがお金を無心した場所を覚えている？　センターはあの横断歩道の左側にあるの。そこで学校のようなものを始めることができるわ。子供たちはみんなコンピュータに興味があるから，あのストリートチルドレンたちはきっと来る。それに私は，パパが昔に買ってくれた子供向けのコンピュータゲームやソフトをたくさん持っている。私は友達たちにも子供の本や雑誌をセンターに寄付してくれるよう頼むわ」

　ランジャナの父親は彼女を長い間見つめた。そして彼は彼女のところへ行き，床から抱き上げた。彼は言った。「私はお前が私の娘でとても(4)誇らしいよ。12台のコンピュータ全てをお前が持って行っていいぞ。しかしコミュニティーセンターで働いている人たちと話さないといけないよ」

　翌日は月の第2土曜日だった。ランジャナは学校がなかった！　彼女は母親と一緒にコミュニティーセンターに行った。カプール氏がそこで働いていた。ランジャナは彼に自分のアイデアについて話した。すると彼は言った。「お嬢さん，1つ条件があります。もし私たちがあの子供たちのために学習教室を始めるなら，センターに2，3台のコンピュータを私たちの仕事用に提供してください」カプール氏はまた，そこの多くの人が子供たちに様々な教科を喜んで教えるだろう，と言った。ランジャナの兄はコンピュータの授業を受けると言った。

　その学校は翌日始まった。最も年下の子供がボタンを押してコンピュータのスイッチを入れ，全員がランジャナを見た。

　その学校がどうなったか，そしてその子供たちがどうなったか，わかりますか？　彼らはすぐ

に興味を持ち，コンピュータで全ての種類のゲームをした。彼らは皆，ランジャナのようになりたかったので，非常に早く英語を学んだ。それらの子供たちはランジャナに，(5)もし子供たちがあの信号でお金を無心しているのを見かけたら，その子たちをコミュニティーセンターに連れてくると約束した。そしてランジャナは，自分が開いた手に1枚の硬貨を押し付けるという安易な方法を取らなかったことに満足している。

問1　(1)　全訳下線部参照。「青信号」は英語では green light と表す。　(4)　〈be proud to ＋動詞の原形〉「～して誇らしい」　(5)　if ～「もし～なら」

問2　下線部(2)の2つ前の文の the children on the traffic crossing を指す。

問3　全訳下線部参照。ランジャナは，父親が電話で古いコンピュータを捨てると言っているのを聞き，そのコンピュータをもらってストリートチルドレンのために学校を開く，というアイデアを得た。

問4　全訳参照。彼女の優しさについて，具体的に述べた文である。

問5　(A)　「交差点の子供たちは，車のフロントガラスを拭くことでお金を得ていた」

　　(B)　「コミュニティーセンターでランジャナはうれしかった，なぜなら彼女はついにお金をあげずに子供たちを助けることができたからだ」

問6　ア　「ランジャナは歩いて学校へ行く間に，毎日その4人の子供たちを見かけた」（×）　イ　「その4人の子供たちは，どうしたら自分たちを救えるのか考えた」（×）　ウ　「その4人の子供たちはランジャナが会ったとき，デリーで学校に通っていなかった」（〇）　エ　「ランジャナは，父親のオフィスでもはや使われていなかった何台かのコンピュータをコミュニティーセンターに持って行った」（〇）　オ　「ランジャナは，新しい学校を開くために子供たちに英語を教えるよう，カプール氏に頼まれた」（×）　カ　「その4人の子供たちは，ランジャナのような他の子供たちを自分たちの学校に連れてきたがった」（×）

2　(長文読解（説明文）：文整序，語句補充，語句解釈，内容吟味)

(全訳)————————

　私たちは皆，学校の本から歴史上の出来事について学ぶ。(A)しかし，ときどきこれらの歴史の本は，事実と物語を混ぜてしまっていることがある。こうした物語はしばしば真実として示されるが，歴史家は多くはそうではないと同意している。それらには何がしかの真実が含まれていることもあり，そのための物語がさらに信じられるようになる。まったく本当ではない物語もある。それらは架空の話，つまり，だれかが作り出したのだ。2つの例をあげよう。

　13世紀の探検家，マルコ・ポーロはアジア中を旅して何年も過ごした。彼はモンゴルの皇帝，フビライ・ハンに仕えた。彼はアジアの美術，科学，文化をヨーロッパにもたらした。本当だろうか？

　ひょっとしたら本当かもしれない。歴史家はこのことに同意していない。これは本当だと確信している者もいる。彼は中国までは旅していないと信じている者もいる。こうした歴史家は，彼が他の旅行者の話を聞いて，自分の旅行話を作り上げたのだと考えている。マルコ・ポーロに関する1つの話は学童によく知られている。彼らは，彼が中国の麺をヨーロッパに持ち帰ったことを学ぶ。イタリアでは，こうした麺がスパゲッティーのようなパスタの元になった。これは確か

に本当ではない。パスタは 13 世紀よりも前に，すでに南イタリアで一般的に食べられていたのだ。それはおそらく，中国ではなく，アラブ世界からイタリアにもたらされたのだろう。

　では，なぜ私たちはしばしばスパゲッティーをマルコ・ポーロの手柄にするのだろうか？　理由はこうだ。ェ1929 年に，アメリカ・パスタ協会という商業組合がパスタの起源について書いた。ィそれにはマルコ・ポーロの船に乗っていたあるハンサムなイタリア人船員の話が書かれている。ァ彼はとてもおいしい麺を作っている美しい中国人の少女に出会った。ォ彼女は彼に祖国に持ち帰るための麺を与えた。その記事によれば，その船員の名前がスパゲッティーだったのだ。

　クリストファー・コロンブスの探検隊は新世界，つまり南北アメリカを初めて訪れた。コロンブスは世界が丸いことを証明したいと思っていた。当時，ほとんどの人々が世界は平らだと信じていた。本当だろうか？

　実は，コロンブスに関するこれらの「事実」は₂どれも本当ではない。もっと早く新世界を訪れた人は他にたくさんいたのは確かだ。早くも 10 世紀には北ヨーロッパの貿易業者や探検家がいて，おそらくそれ以前にもアラブの船員たちがいた。(B)さらに，コロンブスの旅の目的は金，銀，そして香辛料を見つけることだった。コロンブスの時代，多くの人はすでに世界は丸いと信じていた。この知識は古代ギリシャ（紀元前 200 年）にまでさかのぼり，イスラム教の世界（9 世紀には）と非イスラムのヨーロッパ両方の学者たちにもよく知られていた。

　(C)では，コロンブスに関するこうした神話の元は何だろうか？　歴史家たちはそれを見つけようとしてきた。17 世紀から 19 世紀にかけての書物にそれらについての言及があるが，それ以前にはない。1820 年代に合衆国で出版されたある書物には，コロンブスの旅の主な目的は世界が丸いことを証明することだったと書かれている。コロンブスに関するこうした神話が，どのようにして，そしてなぜ始まったのか，歴史家たちにははっきりわかっていない。

　歴史上の神話の例は他にもたくさんある。ローマ皇帝のネロはローマが燃えている間にバイオリンを弾いた。中国の歴史は，黄帝が人民に米，豆，果物，その他の作物を栽培する農業について教えた 5,000 年前に始まった。クレオパトラはエジプトコブラ（ヘビの一種）に噛まれて死んだ。ナポレオンは身長がとても低かった。宇宙飛行士が宇宙から万里の長城を見た。アインシュタインは数学ができる生徒ではなかった。このような神話がどのように始まり，なぜ続くのか。それぞれの神話にその元となるものがあるが，それらのほとんどはある一つのもっともな理由で続く。つまり，それらはよくできた話なのだ。だれでもできのよい話を好むものだが，それらの中で歴史の本に載っているものは，おそらくそう多くないだろう。

問1　全訳参照。アの He は，イの a handsome Italian sailor を，イの It はエで述べられている「アメリカ・パスタ協会」が書いたものを，オの She はアの a beautiful Chinese girl を，オの him はイの a handsome Italian sailor を指している。パスタの元となった麺が中国からヨーロッパにもたらされたという話に関する内容なので，オ「彼女は彼に祖国に持ち帰るための麺を与えた」という内容は必要。ウ「マルコ・ポーロはそのようなおいしい食べ物を食べて驚いた」が不要である。

問2　空所を含む文のあとに，コロンブスに関する「事実」を否定する内容が具体的に書かれていることに注目する。空所に none を入れて「コロンブスに関するこれらの『事実』はどれも本当ではない」とするとあとの内容とつながる。　none of ～「～のうちのどれ

も…ない」

問3 (A) 空所の前後が互いに反する内容になっている。 (B) in addition「さらに，加えて」 (C) この so は「では，さて」の意味で，話題を変えるときに用いられる。

問4 fiction は「架空の話，作り話」という意味。第7段落第1文の these myths「これらの神話」は，その前の2つの段落で紹介されている，コロンブスにまつわる「事実ではない」話を指している。したがって，fiction に最も近い意味の語として適切なのは myth である。

問5 (1) 「マルコ・ポーロはアジア中を旅してヨーロッパに物資を持ち帰ったと信じている歴史家もいる」(T) 第2段落および第3段落第1～3文参照。第2段落でマルコ・ポーロがアジア中を旅してさまざまなものをヨーロッパにもたらしたことが述べられ，第3段落第3文で，「これは本当だと確信している者もいる」と述べられている。そのあとに，マルコ・ポーロに関するこの話を信じない歴史家について述べられているが，それは一部の歴史家である。 (2) 「クリストファー・コロンブスは南北アメリカを訪れたが，歴史家は彼は決してそこを旅しなかったと信じている」(F) 第6段落第2文に，コロンブス以前に南北アメリカを訪れた人々がいたことが述べられているが，コロンブスが実際に南北アメリカを旅したことを疑う歴史家がいるという記述はない。 (3) 「人々は，古代ギリシャの時代に初めて地球が平らではないことを認識した」(T) 第6段落最後の2文参照。地球が丸いことは古代ギリシャの時代に知られていた。 (4) 「歴史家は，ネロはローマが燃えているときにバイオリンを弾いたことを知った」(F) ネロがローマが燃えている間バイオリンを弾いたという話は最終段落第2文にあるが，ここであげられている例はすべて，「歴史上の神話」の例，つまり，真実ではないと考えられている話の例である。 (5) 「人々は，おもしろい話だから歴史の神話を好む」(T) 最終段落最後の2文の内容に合う。

3 (語彙)

(1) 上の文「私は祖母から手紙を受け取った。彼女はEメールの送り方を知らないのだ」 下の文「英語の文は大文字で始めなくてはならない」 letter には「手紙」のほかに「文字」という意味もある。capital letter で「大文字」の意味。

(2) 上の文「私は昨日，航海についての本を買った」 下の文「私たちはロンドンでの休暇のためにホテルを予約しなくてはならない」 book には「本」のほかに，「(ホテルなど)を予約する」という意味もある。

(3) 上の文「私は図書館で偶然数学の先生に会った」 下の文「明日は降水確率が60パーセントだ」 by chance は「偶然に」という意味。下の文の chance は「可能性」という意味。chance of rain で「降水確率」という意味を表す。

(4) 上の文「ジャッキーズ・バーガーへようこそ。何を注文されますか？」 下の文「このエレベーターは今，故障中だ」 上の文の order は「～を注文する」という動詞。下の文の order は「正常な状態」という意味の名詞で，out of order で「故障している」という意味を表す。

(5) 上の文「電車は人でいっぱいだったので，私たちは立っていなくてはならなかった」 下の文「もう我慢できない！ 弟はいつも私のコンピュータを使う」 stand には「立つ，

立っている」のほかに，「～を我慢する」という意味もある。この意味の stand は can't [cannot] とともに用いる。

4 （語句整序）

(1) When <u>was</u> this <u>tower</u> built （in this place?)　受動態の疑問文。〈疑問詞＋ be 動詞＋主語＋過去分詞 ?〉の語順にする。

(2) （My brother was) not <u>tall</u> enough <u>to</u> ride （on the roller coaster.)　〈形容詞＋ enough to ＋動詞の原形〉「～するのに十分…」　ここでは否定文で「十分な背の高さではなかった」となる。

5 （語彙）

(1) 「これは本や新聞や雑誌を読む場所だ。CD を聞いたり DVD を見たりすることができるところもある。それらを借りることもできる。その単語は L で始まる」→ library「図書館」

(2) 「これはだれにも話すべきではない情報だ。それは他の人から隠され，わずか数人が知っているだけの場合もある。その単語は S で始まる」→ secret「秘密」

6 （和文英訳）

(1) Can you lend me the book you were reading yesterday?　「～してくれないかな？」は Can you ～? で表す。〈lend ＋人＋物〉で「(人)に(物)を貸す」という意味。「君が昨日読んでいた本」は the book （which[that]) you were reading と関係代名詞を使った文にするとよい。目的格なので関係代名詞は省略可。「～していた」は過去進行形 were reading とすること。最後に yesterday を忘れずに入れる。

(2) I haven't finished reading it yet. It will take me a few more days to do, so you should ask someone else.　「まだ～していない」は〈現在完了形の否定＋ yet〉という形にする。これは「完了」の意味を表す現在完了形。finish は動名詞を目的語に取るので finished reading it とすること。特定の本を指し「それを読み終えていない」と言っているので目的語 it を忘れずに入れる。〈It takes ＋人＋所要時間＋ to …〉で「(人)が…するのに～かかる」を表し，これからのことなので未来形 It will take me ～ とする。「別の人に当たる」は「別の人に聞く」と考え，動詞 ask を使って ask someone else とするとよい。

解　答

1　問1　{a}　イ　　{b}　ア　　{c}　エ　　{d}　オ
　　問2　《1》エ　　《2》イ　　《3》ア　　《4》ウ　　《5》オ
　　問3　(A)　The doctors are going to try to make him better
　　　　　(B)　Life without a dog was easier in many
　　　　　　　 [Life was easier without a dog in many]
　　問4　おまえは素晴らしい犬だ，マーリー。
　　問5　犬は人間ほど長生きできないから。
　　問6　イ　　問7　ア，カ
2　問1　(3番目)　キ　　(6番目)　オ　　問2　four hundred (and) fifty thousand
　　問3　エ　　問4　ア　　問5　ア　　問6　A　ウ　　B　エ　　C　オ　　D　イ
3　問1　①　something　　②　since　　③　will
　　問2　④　whom　　⑤　in　　⑥　can't
4　(1)　I have wanted to see them.　　(2)　Do you know how many rooms it had?
　　(3)　I have much [many things] to do before that
　　(4)　It took about an[one] hour to walk from here.
5　(1)　①　シ　　②　エ　　③　セ　　(2)　④　キ　　⑤　エ　　⑥　カ
　　(3)　⑦　エ　　⑧　ス　　(4)　⑨　カ　　⑩　ア　　⑪　サ
　　(5)　⑫　コ　　⑬　カ

配点　1　問4　3点　　他　各2点×15(問7は各2点)
　　　　2　各2点×9 (問1は完答)　　3　各3点×6
　　　　4　各4点×4　　5　各3点×5 (各完答)　　計100点

解　説

1　(長文読解(物語文)：語句補充，文補充，語句整序，指示語，内容吟味)
(全訳)
　　私が到着したとき，マーリーは家の中にいた。13年間で{a}初めて，彼は私を見て起き上がらなかった。
　　私は獣医に電話した。
　　若い女性の医師は「今すぐマーリーをここに連れて来てください」と言った。
　　「マーリーは病院に行かなければならない」と，私たちは子供たちに言った。「(A)お医者さんたちはこれから彼の具合をよくしてくれるよ。でも彼はとても具合が悪いんだ」ジェニーの助けを{b}借りて，私はマーリーを車の後部に入れた。

病院で私は彼を車から出して，中へ運んだ。若い医師が彼を連れていった。そして彼女は戻って来て，マーリーの胃の中を写した数枚の写真を私に見せた。

「残念です」と彼女は静かに言った。「《1》マーリーのためにしてあげられることはもうありません」

「わかりました」と私は言った。「彼にさようならを言ってもいいですか？」

「もちろんです。《2》気がすむまで彼といっしょにいてあげてください」と彼女は言った。

マーリーは眠っていた。私は彼の隣に座って，その毛に指を走らせた。私はそれぞれの耳を私の両手で包んだ。

私は彼の口を開け，その歯を見た。それから私は彼の前足を抱き上げた。

「マーリー，君にわかってほしいことがあるんだ」と私は言った。「ときどき，僕らは君のことをこの世で最低の犬って呼んだね。でも，そうじゃない。①こんなことを今まで君に言わなかったけど，君はすばらしい犬だよ，マーリー。すばらしい犬さ」

私はマーリーのところに長い間座っていた。そして医師を呼んだ。

「もう準備ができました」と私は言った。

私はマーリーの頭を抱き，医師はマーリーに何かを与えた。それは彼を傷つけなかった。彼は静かに死んだ。

「マーリーを家に連れて行きたいと思います」と私は言った。

2人の人が黒くて大きい犬を私の車に運んだ。そして私は医師に感謝を言い，走り去った。家に着くと，子供たちは(c)寝ていた。私はジェニーを抱きしめ，私たちは長い間泣いた。

翌朝，ジェニーは子供たちにマーリーのことを話した。子供たちはひどく悲しみ，泣きだした。

「大丈夫だ」と私は言った。「犬を飼うと②いつもこういうことが起きるんだ。犬は人間ほど長く生きないんだ」

コナーは絵を描き，マーリー宛ての手紙を書いた。

マーリーへ。僕はずっと君が大好きでした。僕が君を必要だと思ったとき，君はいつもそこにいてくれたね。君の兄弟のコナー・リチャード・グローガンより。

コリーンは大きな黄色の犬を連れた女の子の絵を描いた。彼女はその絵の下にこう書いた。マーリー，私はずっとあなたを忘れない。

私は，2本の大きなフルーツの木の間の土地に，マーリーにぴったりの場所を見つけた。私は地面の中に黒い袋を埋め，ジェニーと子供たちはそれを見ていた。私が終えると，みんなは「《3》マーリー，愛してるよ」と言った。

マーリーは13年間私の犬だった。彼は従順な犬ではなかったが，私の人生において重要だった。彼のことを周囲の人々に伝えたかったので，私は彼のことを私の新聞に書いた。

だれもマーリーのことをすばらしい犬とか，いい犬とか呼ばなかったと私は書いた。彼は乱暴で，めちゃくちゃだった。彼は物を噛むし，頭がいいわけでもなかった。でも彼は人の感情を理解し，子供たちとはうまくいっていた。

《4》人は犬から多くのことを学べる。彼のおかげで私は自分の感情に耳を傾けた。彼のおかげで私は冬の陽光や，雪や，森の中の散歩を楽しんだ。彼のおかげで私はよい友人になれるのだ。

犬は私たちに③人生で大切なことを教えてくれる。犬は速い車や大きな家や高価な服に興味を持たない。犬に愛を与えてください，そうすれば彼はあなたに愛を与えてくれる。

多くの人々がマーリーのことを新聞で読んだ。動物好きな人々が私に電話をかけ，私に手紙を送ってきた。彼らは犬に対する自分たちの愛について書いてきた。彼らは犬が死んだときの彼らの気持ちについて書いてきた。

多くの人々が犬にまつわる面白い話を書いてきた。何人かの人々は「マーリーはこの世で最悪の犬ではありませんでした。《5》私の犬こそこの世で最悪です！」と書いてきた。私の気分はだんだんよくなっていった。

私はその手紙を家に持って帰り，ジェニー {d}に見せた。彼女も笑った。(B)犬を飼わない人生は多くの点においてより楽だ。家も庭もきれいだっただろう。夕食を食べに出ることを楽しむことができただろう。しかし私たちの家族の中の何かが正しくはいかなかっただろう。

問1　{a} for the first time「初めて」　{b} with one's help「～の助けを借りて」　{c} be in bed「寝ている」　{d} show A to B「A を B に見せる」

問2　全訳参照。

問3　(A)　未来のことを表すときは be going to ～を用いる。また，make A B で「A を B にする」という意味になる。　(B)　in many ways で「多くの点で」という意味になる。

問4　この this は直後の部分の内容を指している。you're a great dog の部分を日本語に直す。

問5　下線部②は犬が死んでしまうことを表す。その理由は直後の文に書かれている。

問6　適切でないものを選ぶことに注意する。イの内容は文中に書かれていない。イ以外の内容は前後の部分に書かれている。

問7　ア　「著者はマーリーは必ずしもいい犬ではなかったと思っていたが，マーリーを愛していた」（○）《3》の次の段落の内容に合う。　イ　「人は犬ほど長く生きない」（×）下線部②の次の文の内容に合わない。　ウ　「マーリーは賢くて，静かで，すばらしい犬だった」（×）《4》の直前の段落の内容に合わない。　エ　「著者はマーリーを有名にしたかったので，彼の新聞にマーリーのことを書いた」（×）《3》の次の段落の内容に合わない。　オ　「マーリーを助けてくれたので，著者は獣医に感謝した」（×）《1》の内容に合わない。　カ　「著者は他の人々とともに彼の犬に関する感情を分け合うことができた」（○）　下線部③の次の段落から本文の最後までの内容に合う。

2　（会話文読解，資料読解：語句整序，語句補充，内容吟味）

（全訳）────────────────────

ブラウン先生：　やあ，ユキ。冬休みはどうだった？

ユキ：　　　　素晴らしかったです。祖父母に会いに家族と長野へ行きました。先生はどうでしたか？

ブラウン先生：　私は家族と神社に「初詣で」に行ったよ。道中で財布をなくしたのだけれど，だれかが私のために警察に届けてくれたんだ。とてもうれしかったよ。

ユキ：　　　　わあ，それは運がよかったですね！　だれかが「東京でお金をなくしても，たぶん戻ってくるだろう」と言っていたのを思い出します。毎年，(1)なくしたお金はどれくらい警察に届けられるのでしょうね。

ブラウン先生： おそらくインターネットで情報を見つけられるだろう。どれ…ユキ，見て！ 2016 年には 30 億円以上のお金が警察署に届けられて，75% 近くが所有者のもとに戻されているよ。

ユキ： 本当ですか？ そんなにも多くのお金が見つけられて，所有者に戻されるなんて信じがたいですね！

ブラウン先生： ああ，これはとても興味深いな…ほかにもいろいろなものが警察に届けられるみたいだよ。何が一番多く警察に届けられたのかな？

ユキ： うーん…財布でしょうか？ 財布の中にはたくさん重要なものをしまっておきますから。

ブラウン先生： ふむ，そうかもしれないね。このグラフを見てみよう。右側の棒が持ち主から紛失届が出されたものの数を示していて，左側の棒が発見されて警察に届けられたものを示している。

ユキ： ああ，札入れと財布は 5 番目によく警察に届けられるものでしたが，紛失届が出されたものとしては 2 番目によくあるものです。「書類」って何でしょうか？ それは警察に届けられたものも，紛失届が出されたものも，ともに一番多いです。

ブラウン先生： 書類というのは，パスポートや免許証，保険証の①ようなもののことだよ。

ユキ： なるほど…「IC カード」とは何ですか？

ブラウン先生： え，ほら，クレジットカードや電車の定期券の①ようなもののことだよ。それらは 2 番目によく警察に届けられたものだったが，紛失届が出されたものの中では 4 番目だ。

ユキ： 40 万本近くもの傘が警察に届けられているのに，紛失届を出した持ち主は 2% もいないのは興味深いですね。

ブラウン先生： 衣類も傘と同じような状況だね。(2)45 万着以上の衣類が警察に届けられているけど，たった②10% くらいしか紛失届が出されていない。ほとんどの人は，衣類や傘はあまり高くないから，なくしてもいいと考えているに違いない。一部の専門家は，これは日本人が「もったいない」精神を失っていることを示していると言っているよ。

ユキ： それは残念です。ところが，携帯電話については違いますね。紛失届が出された携帯電話の数の方が，警察に届けられた数よりも③多いです。

ブラウン先生： それはおもしろい。スマートフォンは毎日使うから，もしなくしたら，多くの人はすぐ気づいて警察に届け出るのだろうね。

ユキ： 私はスマートフォンのない生活が想像できません。

ブラウン先生： だからこそ私たちは自分たちの持ち物に常に注意を払うことが大切なんだね。

ユキ： ええ，次はもっと気をつけなければなりませんね，ブラウン先生。

ブラウン先生： まあ，東京で物をなくしたとしても，私みたいに幸運な場合もあるさ，君のためにだれかが警察に持っていってくれるかもしれないからね！

問 1　how much lost money is taken to police stations

問 2　3 桁ずつカンマで区切り，450 と 1,000 という語順で読む。

問3 前置詞 like は「～のような」という意味になる。

問4 グラフの clothes「衣類」より，警察に届けられたのは 455,000 着で，紛失届が出されたのは 46,000 着であるから，およそ 10 パーセントと言える。

問5 グラフの mobile phones「携帯電話」より，警察に届けられたのは 154,000 個で，紛失届が出されたのは 251,000 個であるから，紛失届が出された数の方が多い。

問6 棒グラフの左側は items taken to a police station「警察に届けられたもの」で，右側は items reported as lost「紛失届が出されたもの」である。この 2 つの差や，それぞれの順位を会話から読み取る。

3 （長文読解（手紙文）：正誤問題）

（全訳）

編集長様

　私はベトナム出身の 27 歳の学生です。私がここに来た目的は経営の学位を取ることです。私はこのような素晴らしいビジネス先進国で教育を受ける機会があることに，とても感謝しています。しかしながら，①私は人々が私の個人的な生活について尋ねる質問にうんざりしています。アメリカ人学生は，結婚前にロマンティックなデートをするという彼らの方法を唯一のものだと思っているようですが，私は賛成しません。私の実生活から 1 つの例を紹介させてください。

　②私の両親は結婚して 35 年です。彼らの結婚には，幸せな結婚が持つすべての特徴があります。深い友情と愛と信頼です。子供は 6 人いて，私は次男です。両親のおかげで私はアメリカで学ぶことができます。私の両親は子供を正しく育てるために常に一生懸命働いています。③私は学位を終えたら，国に帰って両親を手伝うつもりです。

　④私が私の両親は結婚式当日に初めて会ったと言うと，アメリカ人は必ず驚きます。そのような結婚が幸せになれるとアメリカ人は信じられないようですが，私は両親を自分の目で見てきました。彼らはお互いに忠実に愛し合い，⑤自分たちの結婚がもたらした子供たちを誇りに思っています。彼らは時を経てゆっくりと愛し合うようになりました。私は彼らが本物の永久に続く愛を分かち合っていると信じています。

　人々が「ガールフレンドがほしい？」と聞くと，私はいいえと言います。私にとって勉強が第一です。私が帰国して働き始めたら，両親が良いお嫁さんを見つけるのを手伝ってくれるでしょう。⑥その女性は良い家庭環境の人で，私が信頼できる人でしょう。

　私は両親と同じように平和で幸せな生活を望みます。なぜアメリカ人はこれが理解できないのでしょうか？

ポール・グェン

問1 ① that は目的格の関係代名詞で，ask の目的語となっているため，something が不要。 ② since は「～以来」を表す前置詞で，現在完了の文でよく用いられるが，ここでは for thirty-five years「35 年間」があるため不要。 ③ 時，条件を表す副詞節中では，未来のことであっても現在形を用いるので，will が不要。

問2 ④ whom が誤り。「～ということ」を表す接続詞 that にする。 ⑤ in を of にする。be proud of ～「～を誇りに思う」 ⑥ 文脈上，can't が不適切。can にする。

4 　（和文英訳：現在完了，間接疑問，不定詞）

(1) 「ずっと見たかった」は現在完了で表す。日本語には「何を」にあたる目的語が省略されているが，see のあとには目的語が必要なので them（the pandas を指す）を置く。

(2) 「いくつ部屋があるか」は間接疑問で「それ（Mamoru's house を指す）がいくつ部屋を持っていたか」と表す。

(3) 「することがたくさん」は形容詞的用法の不定詞を用いて much to do とする。

(4) 「～するのに（時間）かかる」は〈It takes ＋時間＋ to ＋動詞の原形〉で表す。

5 　（語句補充：熟語）

(1) 「『時代遅れの』ものは現代的でなくもはや便利ではない」　out of date で「時代遅れの」という意味の熟語。

(2) 「『何よりもまず』何かをするとき，他の何よりも先にそれをする」　first of all で「何よりもまず」という意味の熟語。

(3) 「『もちろん』は，他の人たちがあなたの言っていることは本当だとおそらくすでに知っているか，それを聞くことを予期していることを示すために使われる」　of course で「もちろん」という意味の熟語。

(4) 「何かが『突然』起これば，そのことを予期していないときにそれがいきなり起こる」　all at once で「突然」という意味の熟語。

(5) 「『とりわけ』は『最も大切に』，あるいは『他の何よりも』という意味だ。人に注意を払ってもらいたいことに注意を促すために使う」　above all で「とりわけ」という意味の熟語。

間接疑問

疑問詞で始まる疑問文が動詞の目的語になる文。〈疑問詞＋主語＋動詞～〉の語順になる。

I know ＋ Who is that boy?　→　I know **who that boy is**.

「私はあの少年がだれか知っている」

▶間接疑問は名詞節になるので，時制の一致を受ける。

I *know* what you **have** in your hand.

「私はあなたが手に何を持っているか知っている」

I *knew* what you **had** in your hand.

「私はあなたが手に何を持っているか知っていた」

▶間接疑問は第4文型でも用いられる。

I asked **her** *what subject she liked.*　「私は彼女に何の科目が好きか尋ねた」

I told **him** *where she was at that time.*　「私は彼にそのとき彼女がどこにいたか教えた」

解　答

1 　問1　ア　　問2　ウ　　問3　ア　　問4　オ　　問5　オ　　問6　エ
　　問7　ア　　問8　ate a turtle　　問9　Ⓐ　ア　　Ⓑ　カ　　Ⓒ　イ
　　問10　イ　　問11　イ

2 　問1　ⓐ　ウ　　ⓘ　ア　　ⓤ　エ　　ⓔ　イ　　問2　①　イ　　②　ア
　　問3　島を変えないでおく（こと）　　問4　イ　　問5　ア，ウ

3 　(1)　make　　(2)　needed　　(3)　noticed　　(4)　follows　　(5)　shook
　　(6)　confused　　(7)　talking　　(8)　learn

4 　(1)　エ　　(2)　ウ　　(3)　ウ　　(4)　ウ

配点　1 　問8・問9　各4点×2（問9は完答）　　他　各2点×9
　　　2 　問3・問4　各4点×2　　問5　各3点×2　　他　各2点×6
　　　3 　各4点×8　　4 　各4点×4　　計100点

解　説

1 　（長文読解（物語文）：語句補充，指示語，語句整序）
（全訳）━━━━━━━━━━━━━━━━━━━━━━━━━━━━━━━━━━

　私は5月10日の金曜日を決して忘れないだろう。それは今までのところ，私の人生で最も困難な1日だった。その日はそのような始まりではなかった。すべてが①いつもの通りだった。私は学校に行った。私は昼食を食べた。私は体育の授業を受けた。それから私はジミー・ファーゴと一緒に学校から家まで歩いて帰った。私たちは服を着替えてから公園で私たちの特別な岩のところで待ち合わせることにした。

　エレベーターの中で，私はヘンリーに夏が近づいてうれしいと言った。ヘンリーもうれしいと言った。自分の階で降りると，廊下を歩いて行って自分のアパートに通じるドアを開けた。私は上着を脱いでそれをかけた。私は母のバッグの隣にある廊下のテーブルに本を置いた。私は服を着替えてドリブルに会うためにまっすぐ自分の部屋に行った。

　最初に私が気づいたのは，自分の寝室のドアだった。それは開いていた。私は中に駆け込んだ。私はドリブルを確認しようと机にかけ寄った。彼はそこにいなかった！　岩と水が入った彼のガラスのケースはそこにあった－しかしドリブルはいなかった。

　私は本当に怖くなった。私は，自分が学校にいる間に彼が死んで，みんなまだ私に話していないのだろうと思った。そこで私は台所に駆け込んで，「お母さん…ドリブルはどこ？」と大声で言った。母は何かを焼いていた。弟は台所の床に座って大きなスプーンで鍋をたたいていた。私は，「静かにして！」とファッジに大声で言った。「うるさすぎるよ！」

「何て言ったの，ピーター？」と母は私に尋ねた。

「赤ちゃんガメが見つからないんだ。彼はどこ？」

「あなたの部屋にいないってこと？」と母が尋ねた。

私は頭を振った。「あらまあ！」と母は言った。「②彼がここにいないといいわね。ドリブルはきれいではないから。あなたはこの台所を調べて，私は寝室を見るわ」

母は急いで出て行った。私は弟を見た。彼はにこにこしていた。「ファッジ，ドリブルはどこだい？」と私は穏やかに尋ねた。

ファッジはずっとにこにこしていた。

「お前が彼を連れだしたの？」と私は尋ねた。

ファッジは声を出して笑い，両手で口を押さえた。

私は，「彼はどこにいるの？　お前は何をしたの？」と大声で言った。

ファッジ③からは何の答えもなかった。彼は再びスプーンで鍋をたたき始めた。私は彼の手からスプーンを引き抜いた。私はやさしく話そうとした。「僕のカメはどこにいるんだい？　教えてくれよ。話してくれたら怒らないよ」

ファッジは見上げた。「この中だよ」と彼は言って，自分の④腹を指した。

私はますます不安になり始めた。「彼がどうやってそこに入って行ったんだい，ファッジ？」

ファッジは立ち上がった。彼は跳びはねて，「僕は彼を食べた…彼を食べた…彼を食べた！」と歌った。それから彼は走って部屋から出て行った。

母が台所に戻って来た。彼女は，「(1)彼はどこにも見つからないわ」と言った。

「ファッジがドリブルを食べた！」と私は大声で言った。

「ばかなことを言わないで，ピーター」と彼女は言った。「ドリブルはカメよ」

「彼が彼を食べたんだ！」と私は言った。

「ピーター・ウォーレン・ハッチャー！　そんなこと言わないで！」母は私に腹を立てた。

「ねえ，彼に聞いてよ。さあ，彼に聞いて」と私は彼女に言った。

ファッジは満面の笑みを浮かべて鍋に座っていた。母は彼をつかんで引き上げ，抱きしめた。

「ファッジ，ママに話して。お兄ちゃんのカメはどこなの？」と彼女は彼に言った。

「僕の体の中だよ」とファッジは言った。

「冗談を言っているのよね？」

「言ってないよ」とファッジは言った。

母は真っ青になった。「あなたは本当にお兄ちゃんのカメを食べたの？」

ファッジは満面の笑みを浮かべた。

「あなたは口の中に彼を入れて，こんなふうにして彼をかみつぶしたというの？」と母は歯を上下に動かした。

「違うよ」とファッジは言った。

⑤母の顔に笑みが浮かんだ。「もちろんそんなことしていないわよね。ただの冗談ね」彼女はファッジを降ろした。

ファッジは再びほほ笑んだ。「かんでない。かんでないよ。カメを食べたんだ…いなくなっちゃったカメ。おなかの中」

母と私はファッジを見た。

「そんなことしていないわね！」と母が言った。

「やったよ！」とファッジが言った。

「違うわ！」と母が叫んだ。

「やったって！」とファッジが叫び返した。

「やったの？」母は弱々しく尋ねた。彼女は両手でいすをつかんだ。

「⑥やったよ！」とファッジは叫んだ。

母は再び弟をつかんで引き上げた。「あらまあ！　この子ったら！　私の大事な赤ちゃん！」

母は私のかわいそうなカメについて考えるためには立ち止まることはなかった。彼女はファッジを抱いて電話のところまで走って行った。私はあとについて行った。彼女は電話をかけて、「助けて！　緊急事態なんです。うちの赤ちゃんが⑦カメを食べたんです…やめて、笑わないで！すぐに救急車をよこして。68番街西25です」

お母さんは電話を置いた。彼女は顔色が良くなく、泣いていた。私にはそれが理解できなかった。彼女は再びファッジを降ろした。

「手伝ってちょうだい、ピーター」と母は言った。「(2)彼をくるむ何か暖かいものを私に取ってきてちょうだい」　私は浴室に駆け込んでタオルを数枚取った。ファッジは走り回っていた。彼はにやにやしていた。私は彼をたたきたい気分になった。なぜ彼はそんなにうれしそうなんだろう？彼の腹の中には私のカメがいるのだ。

私は母にタオルを届けた。彼女はタオルをファッジに巻きつけて彼と一緒に玄関のドアまで走って行った。私は廊下のテーブルから彼女のバッグを取ってからあとについて行った。私は、彼女が病院でそれを持っていればうれしいだろうと思ったのだ。

廊下に出て、私はエレベーターのブザーを押した。私たちは数分待たなくてはならなかった。お母さんはエレベーターの前で行ったり来たりした。ファッジは彼女に抱かれ、彼女はずっと彼にキスしたり抱きしめたりしていた。お母さんは心配そうで、ファッジはうれしそうだったが、私は⑧ドリブルのことしか考えることができなかった。

私は彼らを見守り、2人は救急車に乗って、行ってしまった。私は自分の部屋に歩いて戻った。ドリブルの空のガラスのケースを見ると、目に涙が浮かんだ。

するとそのとき…ケースの後ろから、ドリブルが歩いて出て来た。彼は元気だった。

問1　第1段落第2文に、「それ(＝5月10日)は今までのところ、私の人生で最も困難な1日だった」と述べられているが、その直後に「その日はそのような始まりではなかった」とあり、さらに空所を含む文のあとに書かれていることも、いつもと変わらない日常的なことなので、「通常の」という意味のアを入れるのが適切。

問2　筆者(＝ピーター)の母親は空所に入る発言のあとで、「ドリブルはきれいではない」と言っている。このことから、母親は、清潔ではないカメが食べ物を扱う台所にいてほしくないと思っていると推測できる。母親は筆者が大切にしているカメには特に関心を持っていないことを読み取る。ウの he はカメのドリブルを指す。アは「ファッジは彼をたたかない」、イは「ジミー・ファーゴが彼を見つけてくれる」、エは「彼はまったく大丈夫だ」

という意味。

問3　「彼はどこにいるの？　お前は何をしたの？」という筆者の問いかけに対するファッジの対応を表す文を完成させる。このあとでファッジは再び鍋をたたき始め，筆者の問いかけには何も答えていないことから，アを入れて，「ファッジからは何の答えもなかった」という文にする。イは「～の必要性」，ウは「～という考え」，エは「～についての情報」という意味。

問4　空所の前の point to ～ は「～を指し示す」という意味。カメの居場所を尋ねられて，ファッジはある場所を指して答えている。このあとで筆者が「彼がどうやってそこに入って行ったんだい？」と尋ねていること，さらにファッジが「僕は彼を食べた」と言っていることから，最初にファッジが指し示したのは自分の腹であることがわかる。

問5　下線部を含む文は母親の発言。母親はカメのドリブルを探しに寝室に行っていたのだから，見つからないのはドリブルである。

問6　母親が「あなたは口の中に彼を入れて，こんなふうにして彼をかみつぶしたというの？」と問い詰めると，ファッジは No と答えたので，母親は安心したと考えるのが自然。その様子を表すエが適切。アは「お母さんは私の方を向いた」，イは「ファッジは突然泣き出した」，ウは「ジミー・ファーゴがドアを開けた」という意味。

問7　カメを食べたのかどうかについて母親とファッジの問答が続き，空所に入るファッジの最後の返答を聞いて，母親は「あらまあ！　この子ったら！　私の大事な赤ちゃん！」と言って，電話で救急車を依頼している。このことから，ファッジは最後まで「カメを食べた」と言い張ったと考えられるので，アが適切。

問8　母親が電話で救急車を呼んでいる場面。救急車を呼ぶ事情を説明するはずなので，My baby「私の赤ちゃん（＝ファッジ）」がしたことを空所に入れる。3語という条件に合うように，ate a turtle とする。ate の代わりに had を使うこともできるが，電話での会話で相手は状況を知らないので，「食べた」という意味をはっきりさせるよう ate を用いた方がよい。

問9　Get me something warm to cover him.　Get で始まる命令文。この場合の get は「（人）に（もの）を取ってくる」という意味。形容詞 warm を something のあとに置いて「何か暖かいもの」として，そのあとに形容詞的用法の不定詞 to cover him「彼をくるむための」を続ける。母親は，ファッジを暖めるために，毛布のようなものを筆者に取ってくるように言った。

問10　筆者の母親が病院に行ったときにあればよろこぶと思われるもので，単数のものを探す。下線部を含む文の直前で筆者が持ち出した母親の「バッグ」が適切。

問11　母親はファッジのことが心配で，ドリブルのことなど気にしていない一方，筆者は my poor turtle と言っていることや，カメを食べたはずのファッジがうれしそうにしているのを見て彼をたたきたくなったと思っていることなどから，ファッジのことよりもむしろドリブルのことが気になっていることがわかる。空所を含む文は all のあとに関係代名詞が省略された文で，直訳すると，「私が考えられるすべてのことは～だった」となる。ドリブルを心配していた筆者の状況から，空所にはイ「ドリブル」を入れるのが適切。

[2] （長文読解（説明文）：語句補充，指示語，内容吟味）

（全訳）

8つのハワイ諸島の中で，ニイハウ島とカホオラウェ島が最も小さい。これらの島は他の島とまったく異なっている－(あ)そこには観光客用のホテルも行楽地もないのだ。両方の島とも，異なる理由で観光客が長年まったくいないのだ。

ニイハウ島は，カウアイ島の西岸から17マイルしか離れていないところにある。それはとても小さく，縦18マイル，横6マイルである。ニイハウ島はロビンソン家というある一家に所有されているが，彼らは1860年代にハワイ国第4代王カメハメハ4世からその島を買った。彼らは島で牛や羊を育てるために広い牧場を始め，今日もそれを所有して経営している。ロビンソン家は招待されていない訪問者はだれも島に入ることを許していないので，それは完全に閉ざされた島である。

ニイハウ島にはおよそ230人の人が住んでいて，そのうちの95パーセントがハワイ人，5パーセントが日本人である。人々のほとんどは牧場に住んで働いているが，そこには電話も電気もテレビもない。人々は送受信兼用のラジオを使って伝達し合い，交通には馬を使う。小学校があるが，高校に通うために，子供たちはカウアイ島に行かなくてはならない。島の公用語はハワイ語である。

この少ない人口(い)の間で，ハワイの伝統は今も強く，他のどこよりも強い。他の島では，ハワイ人たちは今では異なった，現代的な生活様式を持っているが，ニイハウ島の生活は①ほとんど変わっていない。こうした理由で，島を変えないでおきたいと思う人々もいる。しかし，このことは適切ではないと感じている人々もいる。ニイハウ島では生活が難しく，そこの人々は自分たちの人生についての選択肢が②ほとんどない。多くのハワイ人は，1つの家族が島全体を所有して支配するのは適切ではないと感じている。

(う)もう一方の「謎の島」，カホオラウェ島には今日だれも住んでいない。ハワイ諸島最小の島で，縦11マイル，横6マイルしかない。それはマウイ島の南7マイルのところにある。

カホオラウェ島は常に(え)人がいなかったわけではない。過去数世紀には，ハワイ人がそこに住み，宗教的な儀式のために島を使っていた。それから1918年に，スコットランドから来た男性が牛や羊の牧場を始めるために島を借りた。しかし間もなく，彼と他の全員は出ていかなくてはならなくなった。米国海軍が爆撃の訓練用の地域として島を引き継いだのだ。海軍の飛行機は，定期的に島を爆撃した。

ハワイ人たちはこの状況をうれしく思わなかった。彼らは島を宗教的な儀式に使うためにカホオラウェ島に戻ることを望んだ。「オハナ」という団体が，これを実現させるために政府に働きかけた。今では，島はハワイの人々に戻されている。もう爆撃されることはなく，古い爆弾のすべてが撤去されるだろう。近い将来再び，そこはハワイの特別な宗教，文化活動の場所となるだろう。

ハワイ人たちにとって，ニイハウ島もカホオラウェ島も重要な問いを投げかけている。（　お　）異なった背景を持つ2つの島は，彼らに自分たちの独特な楽園の島でどのように生きるべきかを考えさせている。

問1　（あ）　空所の直後の文の「両方の島とも，異なる理由で観光客が長年まったくいない」に関連する選択肢は，ウ「そこには観光客用のホテルも行楽地もない」。ア「ハワイの文化は両方の島で失われてしまっている」，イ「これら2つの島にはもはやだれも住んでいない」，エ「旅行者はガイドなしでは島に入ることができない」は直後の文の内容とのつながりが不自然。　（い）　空所の直後の「ハワイの伝統は今も強く，他のどこよりも強い」という内容と，「人口」という名詞のつながりを考える。人口とはつまりその2つの島で暮らす人々のことなので，「島で暮らす人々の間で」とするのが適切。among は「（3つ［人］以上）の間で」という意味。（う）　空所を含む段落から，話題がニイハウ島からカホオラウェ島に移ることに着目する。空所の直後の「謎の島」は，ニイハウ島とカホオラウェ島を指し，2つあるうちの1つであるニイハウ島に対して，残る「もう一方の」ということなので，the other が適切。2つのうち1つが出れば，残りは1つに限定されるので the がつく。　（え）　今日ではカホオラウェ島には人が住んでいないことが空所を含む文の直前の段落に書かれているが，直後の文には，以前はカホオラウェ島に人が住んでいたことが書かれている。よって，「カホオラウェ島は常に人がいなかったわけではない」とする。この場合の empty は「人がいない」という意味。

問2　①　空所を含む文の冒頭にある While は，「～だけれども」という意味。文の前半は，「他の島では，ハワイ人たちは今では異なった，現代的な生活様式を持っているけれども」となるので，文の後半は「ニイハウ島の生活はほとんど変わっていない」とするのが適切。動詞を修飾して「ほとんど～ない」の意味を表すのは little。　②　空所の直前でニイハウ島の生活の難しさを述べているので，「そこ（＝ニイハウ島）の人々は自分たちの人生についての選択肢がほとんどない」とするのが適切。直後の複数形の名詞 choices を修飾するので，可算名詞に用いて「ほとんどない」の意味を表す few を入れる。

問3　this は直前または直後の内容を指す。ここでは直前の to keep the island the same を指す。

問4　直前の文「ニイハウ島もカホオラウェ島も重要な問いをハワイ人たちに投げかけている」に着目する。空所にはこの「重要な問い」を具体的に述べた文が入る。空所のあとの文で「異なった背景を持つ2つの島は，彼らに自分たちの独特な楽園の島でどのように生きるべきかを考えさせている」と説明されているので，空所（お）に入る問いは，この「島でどう生きるべきか」といった重い問いであるはずである。したがって，イ「両方の島に高校を建てるべきだろうか？」という物理的な問題を表した文は適切とは言えない。アは「ハワイ人は，非ハワイ人に自分たちの島を支配させてよいのだろうか？」，ウは「だれがこれらの島の使い方を決めるべきなのだろうか？」，エは「島は本当はだれのものなのだろうか？」という意味。

問5　ア「多くのハワイ人が，ロビンソン家はニイハウ島全体を所有するべきではないと考えている」（○）　第4段落最終文の内容に合う。最終文の one family は，ニイハウ島全体を所有し，支配しているロビンソン家を指す。　イ「ニイハウ島での暮らしはあまりに不便なので，旅行者はそこを訪れない」（×）　第2段落最終文の内容に合わない。旅行者がニイハウ島を訪れないのは，島を支配しているロビンソン家が招待した客以外は島

に入ることを許可していないからである。　ウ　「ニイハウ島とカホオラウェ島は，それぞれに旅行者がいない独自の理由がある」（○）　ニイハウ島の事情については第2段落を，カホオラウェ島の事情については第6段落を参照。ニイハウ島では，島を支配するロビンソン家の意向により旅行者が島に入れず，カホオラウェ島では，米国海軍が島を爆撃訓練に使用し始めたことにより，旅行者が島に入れない。　エ　「島が戻ってすぐに，カホオラウェ島に住む人々はそこで再び宗教的な儀式を始めた」（×）　第7段落第4文に島がハワイ人に返還されたことが書かれているが，最終文に，「近い将来再び，そこはハワイの特別な宗教，文化活動の場所となるだろう」と未来形で書かれているので，島が戻ってすぐに宗教的な儀式を始めたというのは誤り。　オ　「米国海軍がカホオラウェ島に来たとき，スコットランド出身の男性だけがそこに滞在することを許されていた」（×）　第6段落第3文に，スコットランド出身の男性が島を借りて牧場を始めたことが書かれているが，あとに続く2文に，米国海軍のために，そのスコットランド出身の男性と他の全員が島を出なくてはならなくなったことが書かれているので，島に滞在することができたのは，スコットランド出身の男性だけではなかった。

3　（語句補充：時制，動名詞，不定詞）

（全訳）

　東京に住み始めて2年目でした。私は自分が日本の作法や文化について実によく知っていると思っていました。

　私は，地下鉄の車両に乗るときに優しく押さねばいけないことを知っていました。人々とアイ・コンタクトを(1)<u>する</u>のはいけないと知っていました。「アメリカのスタイル」で音を立てて鼻をかむのは失礼だと知っていました。また地下鉄で人に話しかけてはいけないと知っていました。私の日本語はそれほど上手ではないので，そのことが問題になることはありませんでした。

　でもある日，私が地下鉄で仕事から家に向かっていると，夕食の待ち合わせについて友達に電話する(2)<u>必要があること</u>を思い出しました。

　私は携帯電話を取り出し，電話しました。もしあなたが東京の地下鉄を知っているなら，「携帯電話禁止」というサインがそこらじゅうにあることを知っているでしょう。でも私は多くの乗客が地下鉄で携帯電話を使っていることに(3)<u>気づいていました</u>。私は，日本での携帯電話禁止のルールは，ニューヨークの地下鉄における飲食禁止のルールみたいなものだと思っていました。ルールはあってもだれも(4)<u>従わない</u>し，だれもそれを強いることをしません。

　私が話していると，他の乗客たちは，あなたのことを失礼だと思うときに日本の人々がするように横目で私を見ていました。ある年上の女性は頭を(5)<u>振りながら</u>私をまっすぐ見ました。

　私は会話を終え，地下鉄を降りました。私はとても(6)<u>混乱しました</u>。日本の人々は自分の携帯電話を使います。なぜ私が同じことをしてはいけないのでしょうか？　私は自問しました。

　そのあと夜に私は友達にその経験について話しました。彼女は微笑んで，「ルールは携帯電話で(7)<u>話してはいけない</u>ということなのよ」と言いました。「他の人たちはみんな，メッセージを送っていたりゲームをしたりしているわけ。たまには携帯電話でだれかに短いメッセージを小言で言うこともあるけどね。でも決して地下鉄の中で携帯電話を使って普通の会話をしないの」

私は恥ずかしくなりました。私にはまだ(8)<u>学ぶべきこと</u>がたくさんあったようです。日本の習慣について多くを知っていても，私はまだアメリカ人だったのです。

---

4 （正誤問題：前置詞，比較，形容詞，不定詞）

(1) 「私たちの学校には，クラス全員が同時に泳ぐのに十分な大きさのプールがある」 文の内容から「プールで泳ぐ」とするので，エの to swim → to swim in とする。

(2) 「富士山ほど高い山が日本には他にないということを，子供でさえ知っている」 比較の文の慣用表現として，no other のあとには単数名詞がくるので，ウの mountains → mountain とする。

(3) 「一人っ子は過保護に育てられるので，他人のことを考えられないと言う人が多い」 文の内容から「他人」とするので，ウの another → other とする。another は数えられる名詞の単数形につける。

(4) 「私が今よりもっと若かった頃，将来重要になる物事を見つけるようによく言われた」 〈tell ＋人＋ to ～〉「(人) に～するように言う」の受け身形は be told to ～。よって，ウの find → to find とする。

┌─────────
│ **否定表現**
└─────────

〈**few** と **little**〉 few は数えられる名詞に，little は数えられない名詞に用いる。

▶ a をつけると「少し (は) ある」という肯定的な意味になり，a をつけずに用いると「ほとんどない」という否定的な意味になる。

I know *a* **few** French words. 「私はフランスのことばを少し知っている」

I know **few** French words. 「私はフランスのことばをほとんど知らない」

I have *a* **little** money now. 「私は今，少しお金を持っている」

I have **little** money now. 「私は今，ほとんどお金を持っていない」

▶ **no** は「(少しも) ない」の意味を表す形容詞。数えられる名詞にも数えられない名詞にも用いる。

There is **no** *picture* in this room. 「この部屋には写真が 1 枚もない」

I have **no** *friends* in foreign countries.

＝ I **don't** have **any** *friends* in foreign countries.

「私は外国には 1 人も友達がいない」

解 答

1　問1　[ア]　16　　[イ]　14　　[ウ]　13　　[エ]　12　　[オ]　3　　[カ]　5
　　　　[キ]　4　　[ク]　7　　[ケ]　1　　[コ]　10
　　問2　[A]　15　　[B]　16　　[C]　10　　[D]　3　　[E]　1　　[F]　14
　　　　[G]　11　　[H]　13　　[I]　12　　[J]　5

2　問1　エ　　問2　イ　　問3　bottom
　　問4　A　オ　　B　エ　　C　ア　　D　イ
　　問5　(1)　×　　(2)　○　　(3)　○

3　問1　ウ　　問2　how to read　　問3　イ
　　問4　安全手順はわかっていても，文字を読めないこと。
　　問5　too difficult　　問6　エ　　問7　ア　　問8　イ，カ

4　(1)　first　　(2)　inviting　　(3)　hide　　(4)　language　　(5)　mirror

配点　1　各2点×20　　2　各2点×10
　　　3　問1・問6　各2点×2　　他　各3点×7（問8は各3点）
　　　4　各3点×5　　計100点

解 説

1　（長文読解（説明文）：語彙）

（全訳）

　「手ぬぐい」は伝統的な日本のタオルの一種である。それらは単に手や体を乾かす以外にも様々な方法で使われる。それらは，おもしろかったり，伝統的だったりする[ア]模様や様々な色のものが売られているので，それらを集めて見ることもまた楽しいものだ。それらはあまり高くなく，特別な店だけではなく，おみやげコーナーや美術館の売店など，日本中で買うことができる。

　それらは西洋のタオルと少し異なっている。これらの伝統的な日本の[イ]布地は薄くて大量の水[A]を吸収する。布をさらに早く乾かすために，端は[ウ]縫わずに切られている。それに加えて，それらは乾くときに熱を奪うので，手ぬぐいの布は特に夏にはハンカチやタオルの優れた[B]代用物である。

　店頭では，伝統的な日本の模様やデザインで売られているとても多くの手ぬぐいが見つかる。その模様が，手なせんという技法で職人によって丹念に手で[エ]染色されていることがしばしばある。この技法では，様々な色の絵の具がそれぞれの模様に使われる。

　ある店の経営者は，伝統的なものから最近作られたもの[オ]まで，1,000を超える模様があると説明する。「毎月，家の入り口に違う手ぬぐいをぶら下げて楽しむお客さんもいて，私も，家

を明るくするために本当にそのことをお勧めします」と彼女はつけ加える。

　彼女が勧めるように，手ぬぐいは最近，[C]装飾品として人気が出てきており，額縁に入れて美しくつり下げられていることもある。「手ぬぐいをその美しさのために買うならば，装飾品として楽しんだあとで，それが[D]すり減るまでハンカチやテーブルクロスとして使ってみたり，靴みがきのために使ってみてください」と彼女は言う。

　手ぬぐいはハンカチよりも薄くて[カ]かさばらないので，[E]多才な俳優のようである。また，それらはハンカチよりも大きくて長いので，少し[F]創意工夫をすればそれらのおもしろい使い方をたくさん見つけることができる。冬に外で寒く感じたり，夏にエアコンが強すぎるときには暖かくしておくために首に巻くことができる。オートバイに乗るときにヘルメットの内側で手ぬぐいで頭を包めば[キ]快適でいるのに役立つ。

　手ぬぐいは奈良時代にすでに使われていたと言われている。最初は，とても高価なものだったが，江戸時代の間には[G]一般の人々もそれらを使うようになった。今日では，それらは時にはエプロンやバンダナとして，様々な目的で使われる。

　明治時代以降，日本は西洋の生活様式を学ぼうとして，日本の手ぬぐいの利用は一般的ではなくなってきた。それらはほとんど忘れられているようである。しかし，近年，人々はもう一度手ぬぐいの便利さと美しさを認識してきた。この10年ほどで，それらを売り始める店が増えてきた。外国人観光客の数が増えるにつれて，それらは日用品としてのみならず，おみやげとしても人気が出てきている。

　きめの細かいものや[ク]きめの粗いものがあるので，手ぬぐいはいくつかの種類に[H]分けられる。想像できるように，きめが粗ければ，手ぬぐいに細い線や小さな物の絵をつけることはとても難しい。一方，きめの細かいものには繊細な模様をつけやすい。

　今日，手ぬぐいは2つの異なる方法で生産されている。伝統的な方法は注染と呼ばれ，布に色をつけるために紙を使う。絵の具が布[I]に染みこむので，模様が両側に現れる。長期間その手ぬぐいが使われると，色があせて，このために手ぬぐいが良い感じに使い込んで見えるのだ。

　もう一方の方法は印刷だ。印刷だと，さらに繊細な模様やキャラクターを作ることができる。片方の面にだけ印刷されるので，裏側は[ケ]一色で，ここが注染と異なる。

　注染の手ぬぐいと比べると，印刷の手ぬぐいは，シルクスクリーンを使うためにより[J]きめ細かい模様やキャラクターを産み出すことができる。シルクスクリーンとは，簡単に言えば枠に入れた一種の布である。この布にデザインをして，[コ]図形を切り抜いて穴をあける。そのスクリーンにインクや絵の具を押しつけると，液が穴を通り抜けて別の布に下りていき，これが最終的に手ぬぐいになる。白一色の布が次から次へと美しい手ぬぐいになるとき，芸術の一形態そのもののように見える。

問1　全訳参照。

問2　全訳参照。 1 「様々なことができる」 2 「どこでも，または頻繁に現れる」 3 「何度も続けて使ったために薄くなったり弱くなったりする」 4 「布で覆う」 5 「細かく描写する」 6 「売り物」 7 「見た目がよくて多くの人々に好まれる」 8 「人工的に作る」 9 「製品を作るための素材」 10 「何かをよりよく見せるために使われるもの」

11 「権力のない，普通の」　12 「移る，通り抜ける」　13 「2つ以上に分かれる」　14 「問題を解決したり，ものを発明したりさせる技能」　15 「何かを取り込む」　16 「他のものに代わるもの」

2 （長文読解（自然科学系論説文）：語彙，文補充，語句補充，要旨把握，内容一致）

（全訳）

　自然界のすべての生物は，最小の単細胞生物から人類まで，生態系が機能する中で役割を担っている。ある種が①絶滅すると，世界中の種が影響を受けるかもしれない。

　すべての生物は他の生物の食物になる。食物連鎖は，ある生態系の中で生物が他の生物に食べられる順序を示す。食物連鎖の中のそれぞれ一員は次の一員にエネルギーや栄養を渡す。ィたとえば，ミミズはコマドリの食物となり，コマドリはネコの食物となる。

　それぞれの食物連鎖の中には，捕食動物とえじきがある。捕食動物は他の生物を食べることによって生き延びる。ネコは捕食動物だ。ネコは鳥やねずみのような小さい動物を餌としている。これらの動物はネコのえじきだ。

　それぞれの種は食物連鎖において特定の地位を占めているが，ある種が異なる食物連鎖の中で別の地位にあることもある。たとえば，小さい虫が大きい虫に食べられ，大きい虫が魚に食べられるという食物連鎖の中では，魚は頂点に立つだろう。しかし，アザラシが魚を食べ，ホッキョクグマがアザラシを食べるという別の食物連鎖の中では，魚は②最下位だろう。

　食物連鎖は，生産者，消費者，分解者から成り立っている。生産者は自分の食料を作ることができる。それらはしばしば食物連鎖の②最下位である。緑色植物は私たちにとって最も大切な生産者だ。それらは日光，ミネラル，気体を合わせて使い，体内に栄養を作り出す。

　消費者は自分の体内に食料を作ることができない生物だ。それらは他の生物，または他の生物によって作られた食料を食べなくてはならない。消費者には3つのタイプがある。草食動物，肉食動物，雑食動物だ。草食動物は植物を食べる。肉食動物は肉を食べる。雑食動物は植物と肉の両方を食べる。肉を食べないことにしている人もいるが，人間は雑食動物の一例だ。

　分解者は死んだ動物の有機化合物を分解する。彼らは二酸化炭素などの原料を環境へ戻す。菌類やバクテリアは重要な分解者だ。

　食物連鎖は食物網と呼ばれる，より大きな分類の一部である。多くの種類の植物や動物を食べる動物がいて，これらの動物は数種類のさらに大きな動物に食べられる。それらは多くの異なる食物連鎖の一部だ。これらの連鎖は食物網によってつながり，それは自然界における供給関係をより複雑かつ正確に図示するものだ。

問1　extinct「絶滅した」

問2　全訳下線部参照。補充すべき文は食物連鎖の具体例をあげたものなので，食物連鎖とは何かを説明している第2段落に入れる。

問3　1つ目の空所②を含む文の直前にある at the top of ～ に着目し，その対義語の at the bottom of ～ とする。

問4　第5，6段落参照。

125

問5　(1)　「鳥とネズミはネコの捕食者だ」(×)　第3段落参照。predators「捕食者」ではなく prey「えじき」である。　(2)　「ある捕食者が別の食物連鎖においてえじきになることがある」(○)　第4段落の内容に一致する。　(3)　「食物網は様々な種類の食物連鎖を含む」(○)　最終段落の内容に一致する。

3　(長文読解(物語文)：語句補充，要旨把握，語句解釈，内容吟味)

(全訳)───────────────────────────────────

夕暮れ近く。男性は一日の仕事を終えた；彼は配管工だ。今日は建設現場で働いていた。彼のシフトが終わった。

今，彼はイリノイ州シセロにあるパトリシア・ロード夫人のダイニングルームで座っている。ロード夫人と男性は単語リストに向かってかがんでいる。

「じゃあ，これらの単語に挑戦してくれませんか？」とロード夫人が言う。

「はい」と男性が言う。

彼はリストの一番上の単語を見る。その単語は is だ。

「Is」と男性が言う。

「そうですね」とロード夫人が言う。

リストの次の単語は brown だ。

男性はちらっとそれを見て，「Brown」と言う。

「そうですね」とロード夫人が言う。

次の単語は the だ。

男性は手でその単語に触れて，「The」と言う。

「そうですね」とロード夫人が言う。

次の単語は sleep だ。男性はためらう。数秒が経つ。彼はこの単語にてこずっている。

ついに「Play ですか？」と彼が言う。

「ちがいます」とロード夫人が言う。「もう一度それを見てください」

男性は見つめる。彼は何も言わない。そして彼は「₁それが何だかわかりません」と言う。

「わかりました」とロード夫人は優しく言う。「それはとばして，あとでもう一度やりましょう」

男性は55歳だ。彼は文字の₂読み方を習おうと努力している。彼は髪が薄くなっていて度の強いめがねをかけている身体の大きな男性だ；俳優のアーネスト・ボーグナインに似ている。デニムのオーバーオールとフランネルのシャツという配管工の作業着をまだ着ている。今日彼は，週2回するように，仕事場からロード夫人の家に車で直行した。彼の手は一日の仕事で汚れている。彼がつづりのリストの単語を指さすときに，彼には立ち止まってきちんと手を洗う時間がなかったことがわかる。ロード夫人の家に通い始めてから，ちょうど1年が過ぎた。

リストの次の単語は down だ。

「Down」と自信のある声で男性が言う。

「その通りです」とロード夫人が言う。「大変よくできました」

その男性は，本人が望まないのでここでは名前を伏せるが，子供の頃一度も文字の読みを習わなかった。母親は病気を患い，父親はアルコール依存症患者だった。彼は少年の頃学校の成績が

良くなく，12歳のときに退学して働き始めた。ときどき母親が彼に何かを教えようとしていたが，(3)父親は酔っぱらうと「何のためにわざわざ息子に教えているんだ？　息子は何もわかってないよ」とよく言った。

　男性は人生の大半を通して自分の秘密を隠した。彼は努力して配管工になった。結婚して子供をもうけた。自分は文字が読めないことを妻や子供たちにさえ言わなかった。妻は家中の書類仕事を全部こなし，全ての郵便物を読み，通信文書を全て処理した。

　1年半前，彼は文字が読めなかったために失業した。勤めていた会社が各従業員に安全手順に関する筆記試験を受けるよう義務づけた。男性は規則はわかっていたが，質問が読めなかった。会社は彼に，もう一度試験を受けることを許可したが，彼には見込みがなかった。彼は(4)本当の問題を認めることができなかった。

　失業して彼はあわてた。地元のコミュニティーカレッジが読み方上達の夜間講座を提供していることを耳にし，入会した。しかし，早くも1日目の晩に，この講座は少なくとも読み方の基礎を知っている人たちが対象であることに気づいた。2，3回集まりがあったあと，授業後に彼は先生に話しかけた。

　「あなたが文字を読めないことはわかっています」と先生は彼に言った。「(5)自分が何を習得できるか確認する目的で通い続けたいのであれば，構いませんよ」

　その代わりに，男性は安物雑貨店に行き，93セントで『楽しく読む』という本を買った。その本は就学前の子供用だった。本のページには，救急車やタクシーやトラックの簡潔かつ色鮮やかな絵とそれぞれの絵に適切な単語が載っていた。彼はそのページを見て，独学しようとした。彼にはできなかった。

　6結局，彼は妻と話し合った。「俺がいつ失業したか知っているかい？」と彼は言った。そして自分は文字が読めないことを妻に話した。

　時が過ぎた。テレビで，彼はシカゴの識字能力のボランティア機関が提供する個別指導に関する公共広告を聞いた。彼は電話をかけて，自分自身について説明した。電話の相手方は，今のところ利用できるふさわしいボランティアはいませんと言った。男性は自分の名前を知らせておいた。

　4か月後，彼の外出中に，その識字能力の機関が電話をかけてきた。男性が帰宅したとき，妻が彼に知らせがあると言った。

　「あなたの先生よ」と妻は言った。「彼女の名前はパットよ」

　パトリシア・ロード，59歳。彼女は彼が初めて自宅の玄関に現れたときの様子を覚えている。

　「彼はとてもすてきな男性でした」と彼女は言った。「最初，私は彼の問題がどれほど深刻なものかわかりませんでした。でもすぐにそれは明らかになりました。彼はアルファベットすら知らなかったのです」

　それで，週に2回，彼らは一緒に勉強し始めた。「彼はとても感謝していました」とロード夫人は言った。「私は無料でこの活動をしていますが，(7)もし私が彼に何か配管工事をしてもらいたければ，たとえそれが真夜中の緊急事態であっても，無料でいたしますと彼はいつも言っていましたよ」

127

問1　空所の前後の文脈に着目する。空所の前で男性は sleep という単語の読み方を間違えている。空所のあとでは，ロード夫人に「それはとばして，あとでもう一度やりましょう」と言われている。よって，ウ「私はそれが何だかわかりません」を入れると文意が通る。アは「食事に行くのはどうですか？」，イは「それは『よろしい』ですか？」，エは「ゲームをしましょう」という意味。

問2　空所の前までの内容から，男性は単語リストを使ってロード夫人に文字の読み方を習っていることがわかる。「文字の読み方」は英語3語で how to read と表せる。

問3　下線部を含む英文は「ときどき母親が彼に何かを教えようとしていたが，父親は酔っぱらうと『何のためにわざわざ息子に教えているんだ？　息子は何もわかってないよ』とよく言った」という意味。男性の母親は息子の教育に興味があったが，父親は興味がなかったことがわかる。

問4　the real problem は「本当の問題」という意味。下線部を含む段落を読むと，下線部を含む文の2つ前の文 The man knew ～ the questions. にその具体的な内容が書かれている。

問5　講座は読み方の基礎を知っている人たちが対象だったが，その男性は全く読めなかった。よって「あなたが望むなら通い続けても構いませんが，この講座はあなたが理解するには難しすぎるかもしれません」と言い換えることができる。

問6　空所の前後の文脈に着目する。空所の直前の段落は「男性は就学前の子供用の本を買い，独学で文字を読もうとしたができなかった」という内容。そして空所の直後には「男性は妻に，自分は文字が読めないことを話した」とある。よって，エ「結局」が適切。アは「しかし」，イは「さらに」，ウは「例えば」という意味。

問7　下線部は「もし私が彼に何か配管工事をしてもらいたければ，たとえそれが真夜中の緊急事態であっても，無料でいたしますと彼はいつも言っていました」という意味。よって，ア「男性はロード夫人に大変感謝していたので，彼女のためにいつでも配管工事をするだろう」が適切。イは「男性は配管工の仕事がとても好きで，誇りに思っていた」，ウは「家族を養うために，配管工として働くことは文字を読むのを習うことよりも男性にとっては大切だった」，エは「男性はロード夫人に，彼女は彼にとても親切なので彼からお金をもらうべきだと言った」という意味。

問8　ア「アーネスト・ボーグナインのように，男性はデニムのオーバーオールとフランネルのシャツを着ている」（×）　そのような記述はない。　イ「文字を読むのを習うために，男性は手を洗わず，そして汚れた服を着替えずに仕事場からロード夫人のところへ来る」（○）　本文前半，男性の年齢が記されている段落第4～7文参照。　ウ「ロード夫人が男性を呼ぶのに彼の名前を使わないのは，それを知らないからだ」（×）　そのような記述はない。　エ「男性は自分の子供たちに，『楽しく読む』という本に載っている絵の名前を教えられなかった」（×）　そのような記述はない。　オ「男性が失業したので彼の妻は働かなければならず，彼女はシカゴの識字能力のボランティア機関に電話をした」（×）　そのような記述はない。　カ「ロード夫人は男性に初めて会ったとき，彼が本当に何をしなければならないのかがわからなかった」（○）　最後から2番目の段落第2文参照。

4 （語句補充：語彙，動名詞，不定詞）

(1) 「時間や順番で他のすべてより前に来る」→「その難しい宿題を終わらせた最初の少年はジョンだった」 first「最初の」

(2) 「ある社会的なイベントに来るよう頼むこと」→「私たちを夕食に招待してくれてありがとう」 invite「～を招待する」

(3) 「何かを見えないところに置いたり保管したりすること」→「彼はドアの後ろに身を隠そうとした」 hide「～を隠す」

(4) 「特定の国や地域の人々によって使われる，話し言葉や書き言葉の体系」→「言語を学ぶ最良の方法は何ですか」 language「言語」

(5) 「像を反射する特別なガラスで，のぞくと自分自身が見える」→「彼女はよく鏡で自分を見る」 mirror「鏡」

前置詞

▶前置詞は名詞（句）の前に置いて，他の語句を修飾する。

We played soccer **in** *the park*. 「私たちは公園でサッカーをした」

…in the park は動詞 played を修飾。

The hat **on** *the chair* is mine. 「いすの上の帽子は私のものだ」

…on the chair は名詞 hat を修飾。

▶次のような前置詞の意味の違いに注意する。

「場所」を表す at と in…場所を 1 つの点ととらえる場合は at，空間ととらえる場合は in を用いる。

I found the purse **at** *this point* **in** *the park*. 「私は公園のこの地点で財布を見つけた」

「時」を表す by と till [until] …by は「期限」，till [until] は「期間」を表す。

Come here **by** ten. 「10 時まで彼女を待とう」

…10 時まで「待つ」動作が続くことを表す。

▶ in front of ～「～の前に」，at the back of ～「～の後ろに」などは，前置詞と同じ働きをする。

Your bag is **in front of** the door.「あなたのカバンはドアの前にある」

▶前置詞のあとに動詞を続ける場合は動名詞にする。

Eat breakfast **before** *going* to school. 「学校へ行く前に朝食を食べなさい」

解　答

1 (1) be left　　(2) Be, or　　(3) made her　　(4) hard, can
(5) my first　　(6) fond, listening　　(7) nothing to　　(8) wrong with
(9) made, mind

2 (1) exciting　　(2) begin　　(3) worried　　(4) waiting　　(5) given

3 問1 (1) ア　　(16) ウ　　問2 (2) boy　　(3) anyone[anybody]　　(14) last
(15) like　　(20) lie　　問3 (4) エ　　(8) ア　　(11) イ　　(13) イ　　(22) エ
問4 (5) ア　　(10) イ　　問5 heard the dogs running after him
問6 (7) talking　　(12) pass　　(17) gone　　問7 Greybeard
問8 across　　問9 イ　　問10 ア　　問11 compassion　　問12 ア, カ

4 (例) In Japan, we have a custom to send a New Year's card called "*nengajo*" to
friends and relatives. Young people tend to send a New Year's message
online these days, but exchanging *nengajo* is one of the pleasures during
the winter holidays. (42 語)

配点　1 各2点×9　　2 各2点×5
3 問3・問4・問6 各2点×10　　他 各3点×15(問12は各3点)
4 7点　　計100点

解　説

1 (同意文書き換え：受動態, 命令文, 文型, 比較, 現在完了, 動名詞, 不定詞, 熟語)
(1) a) は「窓を開けっ放しにしておいてはいけない」という意味。b) では a) の文の目
的語 the window が主語になっているので, 受動態にする。助動詞 must のあとに〈be 動
詞の原形＋過去分詞〉が続く。
(2) a) は「注意していないと切り傷を負うかもしれない」という意味。b) は〈命令文, or ～〉
「…しなさい, さもないと～」を使って, 「注意しなさい, さもないと切り傷を負います」
という文にする。
(3) a) は「彼女は彼の態度が悪かったので悲しく思った」という意味。b) では「～を…
にする」という意味の make を使って「彼の悪い態度は彼女を悲しませた」という文にする。
(4) a)は「あなたは全力を尽くさなければならない」という意味。b)は, as ～ as one can「で
きるだけ～」を使って, 「あなたはできるだけ一生懸命にやらなくてはならない」という
意味の文にする。
(5) a)は「私は以前に, この町を訪れたことはない」という意味。b) では名詞の visit を使っ

て,「これはこの町への私の最初の訪問だ」という文にする。

(6) a）は「私の兄［弟］は音楽を聞くことが好きだ」という意味。b）は be fond of ～「～が好きだ」を使った文にする。前置詞 of のあとなので,listen を動名詞にする。

(7) a）は「私は明日ひまだ」という意味。b）では動詞が have なので,「することが何もない」という文にする。

(8) a）は「私の音楽プレーヤーは故障している」という意味。out of order で「故障している」という意味を表す。b）では something is wrong with ～「～はどこか調子が悪い」という表現を使って,「私の音楽プレーヤーはどこか調子が悪い」という文にする。

(9) a）は「トムは 1 人で外国へ行く決心をした」という意味の文。b）は decide to ～「～することを決心する」と同じ意味を表す make up one's mind to ～ を使った文にする。

---

2 （語句補充：分詞,進行形,受動態）
（全訳）————————————————

　こんにちは,サム！

　しばらく手紙を書かずにごめんなさい。私のボリビアでの生活は本当の冒険にようになってきています。毎日ますます (1)わくわくする ものになっています。とても気に入っています！

　私は大好きな運転手のホアンについてのお話から (2)始める べきだと思います。

　クリスマス・イブの日,私はラパスを離れていました。そのとき,ラパスに戻る便が遅れるという知らせを受け,ホアンが空港に迎えに来てくれることになっていたからいらいらして (3)不安 になってきました。「まあ,いやだ！　今夜はクリスマス・イブよ,彼をあまり働かせたくないわ。彼の家族に悪い気がするわ」しかし,彼の電話番号を持っていなかったから,彼に私の到着が遅れることを知らせる方法がありませんでした。だから,空港に戻ったとき,彼がそこで (4)待っ ているのを見て申し訳なく思いました。彼はそこに 5 時間以上もいたのです！　驚くべきことに,彼はまったく怒っておらず,「あなたが無事にラパスに戻って来てとてもうれしいですよ！　良いクリスマスを！」と言ってくれました。私は本当に,心から彼に申し訳ないと思いました。彼の優しさは私が今年のクリスマスに (5)与えられた 最高のプレゼントでした。私の心は感謝と幸せでいっぱいでした。

---

(1) 直後に「とても気に入っています！」とあることから,筆者の生活は楽しいものであると考えられる。この内容に最も近い exciting が合う。exciting は「（物事が人を）わくわくさせる」という意味。

(2) begin with ～「～から始める」　手紙で最初に伝えることが運転手のホアンのことであることを表している。

(3) 帰りの飛行機が遅れると知って,nervous「いらいらしている」と述べている。nervous と and でつながれるので,それと似た意味の形容詞 worried「（人が）不安に思っている」が合う。

(4) 帰りの飛行機が遅れて空港に着き,その間,ホアンが空港でどうしていたのかを考える。彼の様子を見て,筆者は「申し訳ない」気持ちになっていることから,ホアンは筆者

第1回　第2回　第3回　第4回　第5回　第6回　第7回　第8回　第9回　第10回　解答用紙

をずっと待っていたと考えるのが自然。空所の前に was があるので,「待っていた」という過去進行形の文にする。

(5)　the best present と I の間に関係代名詞が省略されている。空所の前に was があることから,「私が与えられた最高のプレゼント」という意味になるように,give の過去分詞 given を入れて受動態にする。

3　(長文読解(物語文):英文解釈,語句補充,発音,語句整序,要旨把握,内容一致)
(全訳)──────────

　私が子供の頃,南アフリカのナタール州では,ウムジンクルの谷で毎年狩りが行われていた。サル,シカ,ときにはヒョウまで,この谷にはたくさんの野生動物がいるが,その速さ,頭の良さ,そして力において,グレーブッシュバックが全ての猟師が撃ちたいと願う標的だった。

　私たちがグレービアード(老人)と呼んでいた1頭のブッシュバックがいた。それは大きくて年老いたオスで,何年も狩りから生き延びていた。彼が誇らしげに小さな草原を横切っているのを初めて見たとき,私は10歳だった。彼の角は長く鋭かった。体は濃いグレーだった。彼を殺すのは全ての猟師の望みで,その日から(1)私は他のことを考えられなくなった。どういうわけか私は(2)グレービアードを撃つことは大人の男になる大きな1歩だと感じていた。

　父は私に,狩りに行くには14歳まで待たねばならないと言ったので,私はそれから3年間(3)だれか他の猟師が私のブッシュバックを撃つのではないかと心配して過ごした。だがグレービアードは生き延びた。1度は,猟師が銃を撃つ前に柵を飛び越えた。1度は他の動物の後ろに隠れて(4)身を守った。

　3年目に,私は彼が犬から逃れて猟師に向かって真っすぐ走るのを見た。私は固唾を飲んで発砲を待った。すると突然彼は森の中へと引き返した。(6)犬が彼を追いかけていくのが聞こえ,私は彼が安全なところへ逃げたのだとわかった。

　農民たちはその晩ずっと,グレービアードの驚くべき逃亡について(7)語って過ごした。(8)私はほほえんだ,なぜなら来年私は猟師の1人になるのに十分な年齢になるのだから。

　その年ずっと,私はただ1つの明るい未来像を描いていた。14歳の少年である私自身が,(9)猟師たちから長年逃れてきたあの動物の横に立っている姿だ。狩りの日,私は日の出の時間にあの谷へまっすぐ走って行きたかったが,父は私にまず朝食を食べるように言った。「グレービアードはまだあそこにいる」と父は言い,私をいすに座らせた。

　早朝の灰色の光の中で,私たちは谷に集まった。ブッシュバックは猟犬から逃げるために丘を登ろうとする傾向があるため,一番良い場所は丘の頂上付近だった。ひどくがっかりしたことに,私は川の近くの低い場所を与えられた。すると良い場所を与えられた父が,「私は息子と場所を交換するよ。私は息子に初めての狩りで良い場所をあげたい」と言うのが聞こえた。父は私の横を通り過ぎるときに私の肩を軽くたたいた。「必ずあの年寄りを仕留めろよ」と父はほほえんでささやいた。

　私は丘の頂上まで走り,木々に隠れた大きな岩を選んだ。長い間,何の音もしなかった。すると犬の騒がしい音が聞こえた。

　初めに,1頭のメスのブッシュバックが来て,私の横を急いで去り,若い1頭がそれに続いた。

私は彼らを₍₁₂₎そのまま行かせた。グレービアードが続いてやって来るかもしれないので，私は待った。すると，突然の動きが私の₍₁₃₎目に留まった。私から10ヤードも離れていないところで，グレービアードが木々の中から出てきた。私の青年時代の目標がまさにそこに，私の前にじっと立っていた。₍₁₄₎彼を仕留めるには，私は銃を撃つだけでよかった。

しかし，₍₁₅₎何かが私に撃つのを思いとどまらせた。そのブッシュバックは今や振り向いて，彼の柔らかく賢そうな目が私を見つめているようだった。₍₁₆₎彼の体の輪郭全てが誇りと力を示していて，私はそのとき，彼を殺すことはできないと悟った。数秒間彼はそこにいたが，風が私の人間のにおいを彼の元へ運んだ。1秒もしないうちに彼は向きを変えて₍₁₇₎行ってしまった。

狩りが終わったとき，父が丘を登ってきた。

「₍₁₈₎だめだったか？」と父は尋ねた。

₍₁₉₎私は首を振った。

「それはおかしいな」と父は言った。「少年たちはグレービアードがこっちに来るのに気づいたんだが，他の猟師たちは彼を見なかったんだよ」

私はうつむいて地面を見た。父は木に向かって歩き，あのブッシュバックが地面に付けた深い跡の横で立ち止まった。₍₂₀₎私は父の目を見ることができず，その場を離れた。

車で家に帰るとき，₍₂₁₎年老いたグレービアードがもう1年無事でいられると考えると，私はうれしくてわくわくした。だが父は黙ったままだった。とうとう父は「何があった？」と尋ねた。

ためらいがちに私は父に話そうとした。私はグレービアードを自分が見た₍₂₂₎とおりに描写した。強く，勇敢だと。私はなぜ撃てなかったのか説明しようとした。

父はしばらく黙っていたが，ゆっくりと口を開いた。「今日お前はあることを学んだ。多くの男が知らずに一生を過ごす，あることを」父は私の肩に腕を回した。「お前は思いやりを学んだのさ」と父は穏やかに言った。

問1　(1)　ア　「グレービアードを殺すことは，私が望む全てだ（私が望むのはグレービアードを殺すことだけだ）」が文脈より適当。(16)　ウ　「グレービアードは特別に見えたので，私は彼をそのままにしておかなくてはいけないと感じた」 leave ～ alone「～を放っておく，そのままにしておく」

問2　(2)　大人になるということは少年(boy)ではないということ。「グレービアードを撃つことは自分がもう少年ではないと感じさせてくれるかもしれない，と少年は思った」とする。no longer ～「もはや～ではない」(3)「少年は他のだれにもグレービアードを撃ってほしくないと思った」とする。anyone[anybody] else は否定文で「他のだれも～ない」を表す。(14)「少年はついにグレービアードを撃てると思った」at last「ついに」(15)「少年は，なぜかグレービアードを撃つ気になれないと思った」feel like ～ing「～したい気がする」 for some reason「どういうわけか，なぜか」(20)「父は少年がうそをついたことに気づいたので，少年は父を直視できないと思った」直前の文の the bushbuck「あのブッシュバック」とはグレービアードのこと。父は地面に付いた深い跡を見て，グレービアードがそこにいたことに気づき，息子がうそをついたとわかった。

問3　(4)　文脈から「身を守るために」が適当。protection「防護」(8)　グレービアー

ドが無事に逃げれば，自分が来年グレービアードを撃つことができるので，喜んでいる。
(11) to one's disappointment「(人)ががっかりしたことには」 (13) catch one's eye
「(人)の目に留まる」 (22) 接続詞 as ～「～するように，～したとおりに」

問4 (5) 見出し語とアは [e]，イは [i:]，ウは [ei]，エは [iə]。 (10) 見出し語とイは [s]，
アは [z]，ウは [si:]，エは [siə]。

問5 (I) heard the dogs running after him 知覚動詞構文〈hear ＋目的語＋～ing〉「…
が～しているのが聞こえる」 run after ～「～を追いかける」

問6 (7) 〈spend ＋目的語＋～ing〉「～して…を過ごす」 (12) 使役動詞構文〈let ＋
目的語＋動詞の原形〉「…に～させる，…が～するのを許す」 (17) be gone「去る，い
なくなる」

問7 「猟師たちから長年逃れてきたあの動物」とはグレービアードのこと。下線部中の
that は主格の関係代名詞で，that 以下が creature「生き物」を後ろから修飾する。

問8 no luck は「ついていない，だめだった」ということ。少年はグレービアードを仕留
めたいと思っていたので，「ついていなかった」とは「グレービアードと出会わなかった」
ということ。come across ～「～と偶然出会う」

問9 shake one's head は「首を横に振る」という意味で，否定・拒否のしぐさ。ここでは
No luck ?「だめだったか？」と聞かれて，No luck.「だめだった」という否定の意味で
首を横に振った。よってイ "No." が適切。

問10 直訳は「年老いたグレービアードがもう1年無事でいられるという考えは，私に喜
びの身震いを与えた」となる。old Graybeard が動名詞句 being safe for another year「も
う1年間無事でいること」の意味上の主語になっている。thrill「わくわくすること，身震い」
pleasure「喜び」

問11 最終段落参照。少年が狩りで学んだ compassion「思いやり，あわれみ」が主題である。

問12 ア 「グレービアードは何年も生き延びてきたので，どの猟師も彼を撃ちたいと思っ
ていた」(○) イ 「少年はいつも父親に言われた通りのことをしていたので，14歳に
なるまでグレービアードを1度も見たことがなかった」(×) ウ 「地元の猟師たちはグ
レービアードがどのように逃げたのか不思議に思い，だれがその動物を手助けしたのか突
き止めようとした」(×) そのような記述はない。 エ 「少年の父親は自分の狩りの持ち
場を息子に譲った，なぜなら父親はその場所に満足せず，もっと良い場所を見つけたかっ
たからだ」(×) 父親の持ち場のほうが息子の持ち場より良かったので，息子に譲った。
オ 「猟師全員がグレービアードが少年のいる方向へ走って行くのを見ており，彼らは少
年がグレービアードを逃がすだろうとわかっていた」(×) 猟師たちはグレービアードを
見ていない。 カ 「少年の父親は息子がグレービアードを撃たなかったことを許した，な
ぜなら彼がこの経験を通じて大切なことを学んだからだ」(○)

4 （条件英作文）
(解答例の訳)「日本には『年賀状』と呼ばれる新年のカードを友人や親類に送る習慣があり
ます。近頃若い人たちは新年の挨拶をネットで送る傾向がありますが，年賀状をやりとりす
ることは冬休みの楽しみの1つです」

解 答

1 問1 (1) (d) (2) (c) (3) (a) (4) (a) (5) (b) (6) (a) (7) (a)
(8) (c) (9) (c) (10) (a)
問2 1 オ 2 エ 3 ア 4 イ 5 ウ
問3 (あ) let me help you with your coat (い) There were only two other entries above his on the page (う) They are not as good as they look
問4 (i) (例) 彼女はまさに，クリスマス休暇に喜んで家に迎えて泊めてくれる学校の親友の母親のようだった。 (ii) (例) うちの小さな住まいにお客さんを迎え入れる喜びはそうはないことなんです (iii) (例) かわいいペットが死んでしまうと，すべてはく製にするんですよ。
問5 ② (例) She was not only harmless but (also) very kind.
③ (例) I think (that) he was a little shorter than you.

2 問1 ウ 問2 learn how slow the process of movie making is
問3 (例) スクリーン上にはほんの数分しか映らないシーンを撮影するのに丸一日かかることもある。 問4 wait 問5 イ 問6 ウ
問7 (例) 仕事のない俳優が，エキストラの仕事を通じて，本当の演技の仕事を得ること。

3 (例) (I think) robot (dogs are better.) First, robot dogs are never against us. They move as we tell them to do, so it is easy for us to keep them as a pet. Second, they are clean. They don't make our rooms and streets dirty. We don't have to clean our rooms and streets. (48 語)

配点 1 問1〜問4 各3点×21 問5 各4点×2
2 各3点×7
3 8点 計100点

解 説

1 (長文読解 (物語文)：英問英答，文補充，語句整序，英文和訳，和文英訳)
(全訳)
「5 ポンド 6 ペンスとは結構ですね」と彼は答えた。「ぜひここに泊まりたいと思います」
「そうでしょう。お入りください」
彼女はとても親切そうだった。(i)彼女はまさに，クリスマス休暇に喜んで家に迎えて泊めてくれる学校の親友の母親のようだった。ビリーは帽子を脱いで敷居をまたいだ。
彼女は，「そこにかけておいてください，そして(あ)コートを脱ぐのをお手伝いします」と言った。

広間には他の帽子もコートもなかった。傘もなければ，歩行用の杖も－何もなかった。

彼女は2階へと案内しながら肩越しに彼にほほえみかけて，「私たちのものしかありません。ほら，_(ii)うちの小さな住まいにお客さんを迎え入れる喜びはそうはないことなんです」

　　　—省略—

「ああ，はい」

「でも準備はいつでもできていますよ。好ましい若い紳士がやって来るという滅多にない機会のためだけに，この家は昼も夜もいつでもすべて準備ができているのです。そして，とても喜ばしいことなんですよ，ねえ，たまにドアを開けてまさにふさわしい人がそこに立っているのを見ると，とてもうれしいのですよ」彼女は階段を半分上ったところで，片方の手を手すりに置いて立ち止まり，頭を彼の方へ向けて青白い唇で彼に上からほほえみかけた。「₁あなたのようなね」と彼女はつけ加え，彼女の青い眼はビリーの体を上から下へ，足元まで，そして再び上の方へとゆっくりと移動した。

2階の踊り場で，彼女は彼に「この階は私が使っています」と言った。

彼らは3階へ上がった。「そしてこの階は全てあなたが使ってください」と彼女は言った。「さあ，あなたのお部屋です。気に入ってくれると本当にいいわ」彼女は彼をせまいが魅力的な正面の寝室へ連れて入り，中に入りながら明かりをつけた。

「窓に朝日が差し込みますよ，パーキンスさん。パーキンスさんですよね？」

「いいえ，ウィーバーです」と彼は言った。

「ウィーバーさん。すてきなお名前ね」

　　　—省略—

「とてもいい具合ね。では荷ほどきができるよう，私は行きますね。でも寝る前に，1階の居間に立ち寄って宿帳にサインをしてもらえるかしら？　この地方の法律だからだれもがそうしなくてはならないの，それに手続きのこんなところでどんな法律も破りたくないわよね？」彼女は彼に軽く手を振ってすばやく部屋から出てドアを閉めた。

さて，_①宿の女主人が少し気が変であるように見えるという事実はビリーにとってまったく不安ではなかった。彼女は害がないだけでなく，またとても優しかった。彼は，彼女はおそらく戦争で息子を失ったか，何かそのようなことがあって，それをまったく乗り越えていないのだろうと思った。

そこで数分後，スーツケースの荷ほどきをして手を洗ったあと，彼は小走りして階段を降りて1階に行って居間に入った。宿の女主人はそこにいなかったが，暖炉には火が入っており，その前で小さなダックスフンドがまだ眠っていた。その部屋はとても暖かくて居心地がよかった。僕は運のいいやつだな，と彼は手をこすりながら思った。ちょっといい感じだ。

彼はピアノの前に宿帳が開いているのに気づき，ペンを取り出して名前と住所を書いた。_(i)そのページには，彼の上に他に2人の記入しかなく，宿帳でだれもがやるように，彼はそれらを読み始めた。1つはカーディフのクリストファー・マルホランドだった。もう一方はブリストルのグレゴリー・W・テンプルだった。

変だな，と彼はふと思った。クリストファー・マルホランド。何か思い当たる節があるぞ。

では一体彼はどこでそのかなり変わった名前を聞いたのだろうか？

第1回
第2回
第3回
第4回
第5回
第6回
第7回
第8回
第9回
第10回
解答用紙

　彼は学校の生徒だったのか？　いいや。姉のたくさんの男友達の1人か，あるいは父の友人の1人か？　いやいや，そのどちらでもない。彼は再び宿帳をちらりと見た。

　クリストファー・マルホランド　カーディフ，カテドラル通り　231

　グレゴリー・W・テンプル　　　ブリストル，サイカモアドライブ　27

　実のところ，そのことを考えだしてみると，2つ目の名前が最初の名前ほどには聞き覚えのある響きはないこともまったく確かではなかった。

　「グレゴリー・テンプル？」と彼は記憶を探りながら声に出して言った。「クリストファー・マルホランド？…」

　「とても魅力的な青年たちでしたよ」と彼の背後から声が答え，彼が振り返ると女主人が両手に大きな銀の盆を持ってさっそうと部屋に入って来た。彼女は盆が跳ね回る馬の手綱でもあるかのように，盆を自分の正面にうまい具合に，やや高く持ち上げていた。

　「何か聞き覚えがあるようなんです」と彼は言った。

　「そうなのですか？　おもしろいわ」

　「₂ほぼ確かに，以前どこかでそれらの名前を聞いたことがあるんです。奇妙ではありませんか？　たぶん新聞でしょう。いずれにしても，彼らは有名ではありませんでしたよね？　つまり，有名なクリケット選手とかサッカー選手とかそのような？」

　「有名ねえ」と彼女は言って，ソファの前の低いテーブルに盆を置いた。「あら，違うわ，彼らは有名ではなかったと思いますよ。でもはっきり言えますが，彼ら2人ともとてもハンサムでしたよ。彼らは背が高くて若くてハンサムで，まあ，あなたとまったく同じようにね」

　ビリーはもう一度宿帳を見た。「ここを見てください」と彼は日付に気づいて言った。「この最後の記入は2年以上も前ですね」

　「そうですか？」

　「ええ，確かに。クリストファー・マルホランドの記入はその1年近く前です－3年以上前ですね」

　「まあ」彼女は頭を振り，小さくため息をつきながら言った。「考えたこともありませんでした。時はなんて早く過ぎ去ってしまうのでしょうね，ウィルキンスさん？」

　「ウィーバーです。ウィーー・バーー」とビリーは言った。

　「そうでしたね！」と彼女は大声で言ってソファに座った。「私はばかですね。本当にごめんなさい。私って，片方の耳から入ってもう片方の耳から出て行ってしまうんですよ，ウィーバーさん」

　「何かご存知なんですか？」とビリーは言った。「このことについて何か本当にとんでもないことを？」

　「いいえ，存じません」

　「あの，いいですか－このマルホランドとテンプルの名前は両方とも，それぞれを別々に覚えている気がするだけでなく，いわゆる，どういうわけか，ある奇妙な形で，それらが互いに関連があるようにも思えるんです。彼らが2人とも同じようなことで有名であるかのような，僕の言っていることがおわかりでしょうか。－たとえば，デンプシーとタニー，あるいはチャーチルとルーズベルトのように…」

　「なんておもしろいのでしょう」と彼女は言った。「まあ，もうこちらにいらっしゃってソファで私のとなりにお座りください。お休みになる前に，おいしい紅茶とジンジャービスケットをど

うぞ」

「わざわざそうなさることはありませんよ」とビリーは言った。「そのようなことをしていただくつもりはありませんでしたから」彼はピアノのそばに立って，彼女がカップと皿についてあれこれ言うのを見ていた。彼は，彼女の手は小さくて白くてすばやく動き，赤い爪をしていることに気づいた。

「私が彼らを見たのは新聞だったのはほぼ確かです」とビリーは言った。「もう少しで思い出すでしょう。きっと思い出しますよ」

記憶の境界のちょうど外側に残るこのようなこと以上に焦れったいものはない。彼は決して諦めたくなかった。

「少し待ってください」と彼は言った。「ちょっと待ってください。マルホランド…クリストファー・マルホランド…イギリス西部を徒歩旅行していたイートン校の生徒の名前ではなかったかなあ，そして突然…」

「ミルクは入れますか？」と彼女は言った。「お砂糖は？」

「はい，お願いします。それから突然…」

「イートン校の生徒ですか？」と彼女は言った。「あら，違いますよ，マルホランドさんは私のところに来たときは確かにイートン校の生徒ではありませんでしたから，それは違いますよ。彼はケンブリッジの学部生でした。もうこちらに来て私のとなりにお座りになって，この心地よい火の前で体を暖めてください。さあ。紅茶ができていますよ」彼女はソファの彼女のとなりの空いている場所を軽くたたいて，ビリーにほほえみかけながら座って，彼がやって来るのを待っていた。

彼はゆっくりと部屋を横切ってソファの端に座った。彼女は彼の前のテーブルに彼のティーカップを置いた。

「さあ，どうぞ」と彼女は言った。「ここはなんてすてきで心地よいのでしょうね」

ビリーは紅茶をすすり始めた。彼女もそうした。30秒間ほど，2人とも話さなかった。しかし，ビリーは彼女が彼を見ていることを知っていた。彼女の体は半分彼の方を向き，彼女の視線が彼の顔に向けられ，彼女はティーカップの縁越しに彼を見ていた。ときどき，彼は彼女自体から直接発せられるように思われる独特な匂いを嗅ぎ取った。それはまったく不快なものではなく，彼に思い起こさせた－いや，彼にはそれが彼に何を思い起こさせたのかよくわからなかった。クルミのピクルスか？　新しい皮か？　あるいは病院の廊下のにおいか？

「マルホランドさんは紅茶が大好きな方でした」と彼女はしばらくしてから言った。「マルホランドさんほどあんなにたくさん紅茶を飲む人を私はこれまで見たことがありません」

「彼はつい最近出て行ったと思いますが」とビリーが言った。彼はまだ2人の名前のことで頭を悩ませていた。彼は今や，新聞－新聞の見出しで彼らの名前を見たことがあると確信していた。

「出て行ったですって？」と彼女は言って，まゆを釣り上げた。「でもあなた，彼は出て行ってなどいませんよ。まだここにいます。テンプルさんもここにいます。彼らは2人一緒に4階にいるんです」

ビリーはゆっくりとカップをテーブルに置いて，女主人を凝視した。彼女はほほえんで彼を見つめ返し，白い手を伸ばして彼のひざを慰めるように軽くたたいた。「あなた，おいくつなんで

すか?」と彼女は尋ねた。

「17 歳です」

「17 歳!」 と彼女は大声で言った。「まあ, 申し分のない年齢だわ! マルホランドさんも 17 歳だったんですよ。でも彼はあなたより少し背が低かったと思うわ, 実際, 確かに低かったわ, そして彼の歯はあまり白くなかった。あなたの歯がいちばんきれいだわ, ウィーバーさん, ご存知でした?」

「(ク)見た目ほどよくはありません」とビリーは言った。「奥の方はたくさんの詰め物があって」

「そう, テンプルさんは少し年上でした」と彼女は彼の発言を無視して言った。「彼は実は 28 歳だったんです。それでも私は, 彼が言わなかったら決してそうは思わなかったでしょう, まったくわかりませんでした。彼の体にはアザの 1 つもありませんでしたよ」

「何がですか?」ビリーは言った。

「彼の肌は赤ちゃんのようでした」

会話が中断した。ビリーはティーカップを取り上げてもうひと口紅茶をすすると, 再び静かに皿に置いた。彼は, 彼女が何か他のことを言うのを待ったが, 彼女は再び沈黙に陥っているようだった。彼は前方の部屋の奥まった一角をまっすぐ凝視しながら座って, 下唇を噛んだ。

「あのオウムは」と彼はようやく言った。「ほら, 通りから窓越しにそれを見たとき, 僕はすっかりだまされましたよ。生きていると誓ってもいいくらいでした」

「ああ, もう生きていないんです」

「3そのように作るとはとても器用ですね」と彼は言った。「ちっとも死んでいるようには見えませんよ。だれが作ったんですか?」

「私ですよ」

「あなたが?」

「もちろん」と彼女は言った。「私のベイジルちゃんにもお会いになりましたか?」彼女は火の前で心地よさそうに丸くなっているダックスフンドの方を顎で指し示した。ビリーはそれを見た。ふと, 彼はこの動物が, オウムと同じようにずっと静かで動かずにいたことに気づいた。彼は手を伸ばして背中の上をそっと触った。その背中は固くて冷たく, 毛を指で片側に押しのけてみると, 灰色がかった黒色で, 乾いて完ぺきに保存された状態の下の皮膚が見えた。

「なんとまあ」と彼は言った。「全く素晴らしい」彼は犬から離れて振り返り, ソファで彼のとなりにいる小柄な女性を深く賛嘆して見つめた。「このようにするのはとても大変なことにちがいありませんね」

「ちっとも大変なんかではありませんよ」 と彼女は言った。「(iii)かわいいペットが死んでしまうと, 全てはく製にするんですよ。もう 1 杯紅茶をいかがですか?」

「いいえ, 結構です」 とビリーは言った。紅茶はかすかに苦いアーモンドの味がしたが, 彼はあまり気にかけなかった。

「宿帳に記入してくださいましたよね?」

「4ああ, はい」

「よかったわ。あとになって, もしあなたの名前を忘れてしまったら, いつでもここに来て調べることができますからね。今もほとんど毎日そうしているんです, マルホランドさんと…」

139

　「テンプル」 とビリーは言った。「グレゴリー・テンプル。お尋ねしてもよろしいでしょうか, この 2, 3 年で彼ら以外に他にお客さんはいなかったのですか?」

　片手でティーカップを高くかざして頭を少し左に傾けて, 彼女は目の隅から彼を見てまた優しくほほえんだ。

　「₅いませんでしたよ」 彼女は言った。「あなただけですよ」

問 1　(1)　質問は,「ビリーは女主人の家に入ったとき, その家についてどう思いましたか」という意味。ビリーが家の中に入ってすぐ, 広間の様子について,「他の帽子もコートもなかった。傘もなければ, 歩行用の杖も－何もなかった」とあることから,　(d)「そのとき, 他にはだれもそこに泊っていなかった」が適切。(a)は「その家は, その女性のおかげで旅行者にとても人気があった」,　(b)は「彼女のペットは客にとってすてきだ」, (c)は「その家は新しい客への準備ができていなかった」,　(e)は「上のどれも適切ではない」という意味。　(2)　質問は,「ビリーはなぜクリストファー・マルホランドを知っていると思ったのですか」という意味。ビリーが宿帳でマルホランドとテンプルの名前を見た場面, 女主人との会話の中で, 2 人の名前を「たぶん新聞で見た」と言っている。さらに, そのあとの女主人が紅茶とクッキーを勧めた場面でも,「私が彼らを見たのは新聞だったのはほぼ確かです」と言っているので, (c)「彼の名前が以前新聞で見られたから」が適切。(a)は「彼はビリーと同じ学校に通い, 一緒にサッカーをしたから」,　(b)は「彼は以前, ビリーの父親と一緒にビリーの家に来たことがあったから」, (d)は「彼はビリーの姉の男友達で, とてもハンサムに見えたから」,　(e)は「上のどれも適切ではない」という意味。　(3)　質問は,「女主人によれば, 彼女はなぜビリーに宿帳に記入してほしかったのですか」という意味。女主人はビリーに紅茶のおかわりを勧めたあと, ビリーに宿帳に記入したかどうか確認し, その後で「あとになって, もしあなたの名前を忘れてしまったら, いつでもここに来て調べることができる。今もほとんど毎日そうしている」と言っているので, (a)「彼女はしばしば宿泊客の名前を忘れたから」が適切。(b)は「ビリーの名字が彼女には言いにくかったから」, (c)は「彼女は将来, 宿泊客の数を数えたかったから」, (d)は「彼女は宿泊客との会話を振り返るために宿帳を見て楽しんでいたから」,　(e)は「上のどれも適切ではない」という意味。(4)　質問は,「その年配の女性によれば, ビリーがその家の他の 2 人の客と共通している特徴は何ですか」という意味。女主人がマルホランドとテンプルは有名な人物ではなかったと述べたあとで, 2 人について「彼らは背が高くてハンサムで, まあ, あなたとまったく同じようにね」と言っているので,「背が高くてハンサムである」ことはビリー, マルホランド, テンプルに共通する特徴ということになる。したがって, (a)「彼らは皆, ハンサムで背が高かった」が適切。(b)は「彼らは皆, 家の 4 階に泊っていた」, (c)は「彼らは皆, 女性の家で楽しく過ごした」, (d)は「彼らは皆, きれいな歯をしていた」,　(e)は「上のどれも適切ではない」という意味。なお, イギリスでは建物の 1 階をthe ground floor, 2 階をthe first floor と表す。ビリーの部屋はthe second floor「3 階」で, マホランドとテンプルはthe third floor「4 階」にいる。　(5)　質問は,「ビリーは何を諦めたくなかったのですか」という意味。女主人が紅茶の

用意をしている間，ビリーはマルホランドとテンプルについて，「彼らを見たのは新聞だったのはほぼ確かだ」と言っているが，彼らの立場や素性についてはっきりしたことを思い出せず，それを受けて「彼は決して諦めたくなかった」と述べられているので，(b)「宿帳の2人の男性がだれなのかを思い出すこと」が適切。(a)は「彼がどこでクリストファー・マルホランドに会ったのかを思い出すこと」，(c)は「彼がいつイートン校の男子生徒に会ったのかを思い出すこと」，(d)は「彼が飲んだばかりの紅茶の味を思い出すこと」，(e)は「上のどれも適切ではない」という意味。 (6) 質問は「ビリーは犬が生きていないことを知ったときどのように感じましたか」という意味。ビリーはダックスフンドに触って，それもはく製であることを知り，「全く素晴らしい」と称賛しているので，(a)「彼は彼女のはく製の技能に感動した」が適切。(b)は「彼は怖くなって逃げ出すことにした」，(c)は「彼は女性がうそをついていたので怒った」，(d)は「彼はとても怖くなってだまった」，(e)は「上のどれも適切ではない」という意味。 (7) 質問は「下線部①はどういう意味ですか」という意味。off one's rocker は「気が変である」という意味。that は同格の用法で，the fact that his landlady appeared to be ～ で「彼の女主人が～であるという事実」という意味。物語の流れから off one's rocker の意味を推測したい。(a)「女主人は少し気が狂っているように見えた」が正解。(b)は「女主人はロック音楽の大ファンではない」，(c)は「女主人は乱暴な人に見えなかった」，(d)は「女主人はうるさい人だった」，(e)は「上のどれも適切ではない」という意味。 (8) 質問は「宿帳に載っていた2人の宿泊客について最も考えられる事実はどれですか」という意味。女主人の発言から判断する。女主人がオウムや犬をはく製にしていたことと，「2人（＝マルホランドとテンプル）は一緒に4階にいるんです」，「彼（＝テンプル）の体にはアザの1つもありませんでした」，「彼（＝テンプル）の肌は赤ちゃんのようでした」などの発言から，女主人は動物や宿泊客を殺害してはく製にしていたことが推測できる。このことから，(c)「彼らは彼女のペットと同じようになった」が適切。(a)は「彼らは本当に女性の家での滞在を楽しみ，ビリーが来る数日前に出て行った」，(b)は「彼らは支払いをせずにその場所を出て行った」，(d)は「彼らは若く，背が高くてハンサムだったので，若者たちの中で人気が出た」，(e)は「上のどれも適切ではない」という意味。 (9) 質問は「ビリーは本文のあと，何をしないと考えられますか」という意味。ビリーはダックスフンドがはく製であることを知っているので，(c)「彼はダックスフンドにえさをやる」が正解。(a)は「彼はその女性がまったく親切ではないことに気づく」，(b)は「彼はその女性が過去に何をしたかがわかる」，(d)は「彼はその2人の男性が家の中にいることがわかる」，(e)は「上のどれも適切ではない」という意味。 (10) 質問は「本文の調子はどのようですか」という意味。一見親切な女主人が，実は動物や宿泊客をはく製にしていたと考えられることから，(a)「恐ろしくて謎めいている」が適切。(b)は「喜劇的で心温まる」，(c)は「冒険的で英雄的だ」，(d)は「悲しくて希望がない」，(e)は「上のどれも適切ではない」という意味。

問2 全訳参照。 1 空所部分の前で，女主人は自分にとって申し分のない客が来たときの喜びを述べている。また，空所部分のあとでは，ビリーの全身をゆっくり眺めていることから，空所には，ビリーが「申し分のない客」であることを示す発言になるように，オを

入れる。 2　ビリーが，宿帳にあったクリストファー・マルホランドとグレゴリー・W・テンプルの名に聞き覚えがあることを話題にしている場面なので，この話題に関係する内容のエを入れる。 3　ビリーが出来栄えの良いはく製を称賛している場面。空所部分の直後の「ちっとも死んでいるようには見えません」という発言からも，その完成度の高さに驚いている様子が読み取れるので，はく製の技術の高さについて述べているアを入れる。アの clever は，ここでは「器用だ」という意味。 4　ビリーが宿帳に記入したかどうか尋ねた女主人への返答が入る。ビリーは部屋から1階の居間に降りて来て宿帳への記入を済ませているので，イを入れると会話が成り立つ。 5　ビリーの「この2，3年で彼ら（＝マルホランドとテンプル）以外に他にお客さんはいなかったのですか？」という問いに対する女主人の返答が入る。空所部分の直後で女主人は「あなただけだ」と言っているので，ウが入る。

問3　(あ)　let me help you with your coat　〈let ＋人＋動詞の原形〉「(人)に～させてやる」を使った文。命令文の Let me ～は相手に「私に～させてください」と許可を求める表現となる。〈help ＋人＋ with ～〉は「(人)の～を手伝う」という意味。ここでは，女主人がビリーのコートを脱がせようとしていることを表している。 (い)　There were only two other entries above his on the page　There is[are] ～．「～がある[いる]」の構文。his は his entry ということで，ビリーの記入の上には他に2人の人物の記入しかなかったことを表している。 (う)　They are not as good as they look　They はビリーの歯を指している。not as ～ as … は「…ほど～ない」という意味。あとの as 以下の they look は「～に見える」ということで，歯の見た目を表している。

問4　全訳参照。(i)　like は「～のような」の意味。exactly「まさに，正確に」がついて強調されている。welcoming は現在分詞で，welcoming ～ holidays の部分は the mother を修飾している。one は一般的に「人」ということ。(ii)　often と I の間に接続詞 that が省略されていて，it は that 以下を指す形式的な主語。「that 以下のことはそうしばしばはない」ということになる。of は同格を表し，the pleasure of taking a visitor into my little nest は直訳すると「私の小さな住まいにお客さんを迎え入れるという喜び」となる。(iii)　stuff は「～に詰め物をする，～をはく製にする」という意味。pass away は die「死ぬ」の婉曲的な表現。

問5　②　「～だけでなく，また…」は not only ～ but (also) …, または… as well as ～で表す。「害がない」は harmless で表す。 ③　I think (that) のあとに「彼はあなたより少し背が低かった」という文を続ける。「背が低い」は short でここでは比較級にする。「少し」は a little, a bit などを比較級の前に置いて表す。

[2]　(長文読解 (説明文)：語句補充，語句整序，英文和訳，指示語)

(全訳)───────────────

　普通の人々は，いつでも映画や映画スターの世界に引きつけられてきた。この世界に近づくための1つの方法は，映画のエキストラになることだ。映画のエキストラを見ても，その人たちにあまり多くの注意を向けてはこなかっただろう。エキストラは，2人の主要な俳優が会話をして

いるときにレストランのテーブルに座っている人々だ。彼らは主要人物たちの結婚式の招待客だ。彼らは「悪役」が警察に追いかけられているときに通りを横断している人々だ。エキストラは普通，何もせりふをしゃべらないが，そのシーンを本物ののように(1)見せる。

　映画のエキストラになることはとても楽しいように思われるかもしれない。シーンの背後で人生とはどのようなものかがわかるようになる。しかし，エキストラをするということは実は仕事であり，ほとんど何もしないに等しいのだということを忘れてはならない。初めてのエキストラは(2)映画作りの工程がどれほど遅いものかを知って，しばしばショックを受ける。完成した映画では，動きが速いかもしれない。しかし，(3)スクリーン上にはほんの数分間しか映らないシーンを撮影するのに丸一日かかることもある。

　エキストラになるための主要な必要条件は，(4)待つ能力である。午前5時とか6時に仕事に行かなくてはならないかもしれないし，それから監督が担当のシーンの準備ができるまで待つのだ。これに数時間かかることもあるだろう。それから，技術面での問題があるかもしれず，そうなればさらに待たなくてはならない。監督が「本番」と言ってから最初の「撮影」をして，監督がそのシーン(5)に満足しなければもう一度やらなくてはならないかもしれない。実際，同じシーンを何度も何度もやらなくてはならないこともあるのだ。何時間もセットにいなくてはならず，ときにはとても暑かったり寒かったりする中で屋外で待つこともあるだろう。午後11時，あるいは真夜中まで終わらないかもしれない。支払いも良くはない－最低賃金をほんの少し上回るくらいのこともしばしばだ。そして，仕事を与えてくれた仲介業者に10パーセント程度の手数料を支払わなければならない。

　それでは，だれが映画のエキストラになりたいと思うだろうか？(6-①)長い時間と(6-②)低い給料にもかかわらず，多くの人々がその仕事に応募する。中には本当にその仕事を楽しんでいる人もいる。彼らは映画のセットにいることが好きで，仲間のエキストラたちとの親交を楽しむのだ。彼らのほとんどは融通の利く予定があって，そのため都合がつくのだ。彼らは学生であったり，ウエイターであったり，主婦[夫]であったり，退職した人であったり，仕事のない俳優だったりするかもしれない。仕事のない俳優の中には，その仕事が本当の演技の仕事を得るのに役立つことを望む者もいるが，そうしたことはあまり起こらない。映画産業のほとんどの人々はエキストラと俳優を厳しく区別するので，エキストラはたいてい，もっと大きな役には考慮されないのだ。

　次に映画を見るときには，スターだけを見ないことだ。背景にいる人々をもっとよく見て，自分自身にこう問いかけるのだ。彼らはだれなのだろうか？　彼らはなぜそこにいるのだろうか？　彼らは生活の中で他に何をしているのだろうか？　その群衆の中には自分とよく似た人がいるかもしれない。

問1　空所を含む文は〈make ＋目的語＋動詞の原形〉「～に…させる」を用いた文で，主語は they（＝ extras）。エキストラの人々が映画のシーンでどのような働きをするかを考える。look real で「本物のように見える」という意味で，エキストラが映画のシーンを本物らしく見えるようにさせるという文意になり，文脈に合う。

問2　(First-time extras are often shocked to) learn how slow the process of movie making is. 全訳参照。are often shocked のあとに感情の原因・理由を表す不定詞を

続けて，「初めてのエキストラは～してしばしばショックを受ける」という英文を作る。learn の目的語として，how slow で始まる間接疑問を続ける。how slow 以下の主語を the process of movie making「映画作りの工程」とする。

問3 〈It takes ＋時間＋ to ＋動詞の原形〉「～するのに（時間が）…かかる」の構文。whole は「全体の，全～」という意味で，a whole day で「丸一日」という意味になる。shoot a scene は「シーンを撮影する」という意味。その直後の that は主格の関係代名詞で，that 以下が a scene を後ろから修飾している。

問4 空所には動詞の原形を入れて，〈to ＋動詞の原形〉が直前の名詞 ability「能力」を修飾する形を考える。空所を含む文のあとには，「午前5時とか6時に仕事に行かなくてはならないかもしれない」，「監督が担当のシーンの準備ができるまで待つ。これに数時間かかることもあるだろう」，「技術面での問題があるかもしれず，そうなればさらに待たなくてはならない」，「監督が最初の『撮影』をして，そのシーンに満足しなければもう一度やらなくてはならないかもしれない」，「同じシーンを何度も何度もやらなくてはならないこともある」，「何時間もセットにいなくてはならず，ときにはとても暑かったり寒かったりする中で屋外で待つこともある」など，エキストラの仕事は耐えて待つことを伴うことが書かれているので，この内容に合うように wait を入れて，「待つ能力」とするのが適切。

問5 空所を含む if 節の主語 he or she は director「（映画の）監督」を指す。ここでは，さまざまな理由によってエキストラが待たされる状況が説明されているので，if 節の内容を，「監督がそのシーンに満足しなければ」とするのが適切。ア disappointed with は「～に失望する」，ウ scared of は「～を恐れる」，エ tired of は「～に飽きる」という意味。

問6 空所を含む文の冒頭 in spite of ～ は「～にもかかわらず」という意味。同じ文の後半「多くの人々がその仕事に応募する」ことと反するような条件が述べられていることになるので，「長い時間と低い給料」とするのが適切。

問7 it doesn't happen often は「それはあまり起こらない」という意味である。この前に書かれていることで起こりそうにないこととしては，直前の「仕事のない俳優にとって，エキストラの仕事が本当の演技の仕事を得るのに役立つ」という内容が適切。

3 （条件英作文）

（解答例の訳） まず，ロボット犬は決して私たちに逆らわない。それらは私たちが言うとおりに動くので，それらをペットとして飼うのは簡単だ。次に，それらは清潔である。それらは私たちの部屋や通りを汚さない。私たちは部屋や通りを掃除せずに済む。

指示に従い，「ロボット犬」か「本物の犬」のどちらがペットとして優れているかを決める。理由を2つ挙げるので，First, ～ .「まず[最初に]，～」，Second, … .「次に[第二に]」の他，The first reason is that ～ .「最初の理由は～だ」，The second reason is that … .「第二の理由は…だ」などの表現も可能。「本物の犬」を選ぶ場合の理由としては，Real dogs are different from machines. They are friendly to us.「本物の犬は機械と違う。それらは人懐っこい」，Real dogs can understand our feelings.「本物の犬は私たちの感情を理解できる」などが考えられる。

解　答

1 (1) more　(2) Britain　(3) known　(4) Dutch　(5) poor
(6) want　(7) convicts　(8) bigger[larger]　(9) land　(10) gold
(11) different[separate]　(12) Aborigines

2 問1　ドラゴンを手なずけることができたら，ほうびがもらえること。　問2　ア
問3　filled a wagon with the things he needed　問4　ウ　問5　イ
問6　(6-A) sugar　(6-B) salt　問7　burn　問8　イ
問9　ウ　問10　エ

3 問1　① (a)　② (e)　③ (c)　問2　(1) (b)　(2) (c)　(3) (e)
(4) (e)　(5) (d)　(6) (e)　(7) (c)　(8) (a)　(9) (d)　(10) (b)
問3　(1) (e)　(2) (c)　(3) (d)　(4) よろしければ，どちらからいらっしゃっ
たかお聞かせください。

4 （例）　I don't think of having a part-time job during high school as a good idea.
You will not have enough time for homework and feel tired or sleepy in the
class. Then you can't do well at school. Besides, you won't have time with
your friends, either. (47words)

配点　1　各2点×12
2　問1・問3・問7　各3点×3　　他　各2点×8 (問6は各2点)
3　問2　各2点×10　　他　各3点×7
4　10点　　計100点

解　説

1 (長文読解 (論説文)：語句補充，要旨把握)

(全訳)

　オーストラリアに最初に住んだ人々はアボリジニーだった。彼らはそこに少なくとも45,000年住んでいる。彼らはヨーロッパ人の移住者が彼らの伝統的な生活様式を破壊するまで，狩りや採集，釣りなどをして自給自足の生活をしていた。彼らの人数は急速に減り，今ではオーストラリアの人口の小さな部分になってしまっている。

　オーストラリアは約400年前まで，ヨーロッパ人には知られていない土地だった。地図は南半球の一番下の部分に，テラ・アウストラリス・インコグニタ（知られていない南の土地）と呼ばれる，形のはっきりしない広大な土地を示していた。スペインやポルトガルの船乗りたちがオーストラリアの近くまで来たが，オランダ人の船乗りのウィレム・ヤンスゾーンが1606年に最初にオー

ストラリア大陸を発見し，上陸した。17 世紀にオランダの船がオーストラリア西部の沿岸を何度か航海した。オランダ人はその大陸を「新オランダ」と名づけた。しかし彼らはその乾燥してやせた土地を快く思わず，そこに移住することはなかった。

1768 年，英国は，知られていない南の土地を探すために，ジェームズ・クック船長を派遣した。1770 年，彼はオーストラリアの東海岸に到着し，そこを英国領だと主張した。彼はそこを「ニューサウスウェールズ」と呼んだ。

クックは，より豊かな東海岸は移住地に適していると報告した。英国政府は彼の助言を採用した。政府は，ニューサウスウェールズの新しい移住地で働くため，囚人を移送することを決めた。

囚人，兵士，役人，そして移住地の最初の総督であるアーサー・フィリップが 11 艘の船で移送された。彼らは 1788 年の 1 月に，東海岸のボタニー湾に上陸した。

ボタニー湾は適した場所ではなかったが，すぐにフィリップは移住地にふさわしい場所を見つけた。そこは後にシドニー市になった。

シドニーの小さな移住地は最初多くの問題があった。アボリジニーは友好的ではなく，囚人たちは働こうとせず，十分な食料もなかった。しかし 1810 年頃以降，自由移住者が多く到着した。彼らは囚人たちを農場労働者として使い，農場を始めた。その移住地は徐々に拡大し，豊かになっていった。

人々は農業にもっと適した土地を見つけた。他の地域でも新しい移住地が開始された。最初は 1804 年にタスマニアで，その後，クイーンズランド，西オーストラリア，ヴィクトリア，南オーストラリアとなった。最も悪い囚人たちはタスマニアのような辺境地域の囚人移住地へ送られた。

1850 年代まで，これらのオーストラリアの英国植民地は小さかった。海岸の周りに移住地が孤立した状態であった。農場経営者たちは広大な土地を所有し，羊を飼った。これらの土地所有者が権力と富を持ち，植民地を統治した。

1851 年，ニューサウスウェールズとヴィクトリアで大量の金が発見された。これがゴールドラッシュを起こし，多くの人々が金を得ようとオーストラリアに来た。人口は急速に増えた。金によって，ヴィクトリア州の州都メルボルンは洗練された建物のある豊かな街となった。

ゴールドラッシュは植民地を変えた。それによってイギリスから，より教養の高い，中産階級の人々がやって来た。彼らは裕福な土地所有者の権力に挑み，植民地をより民主的にした。

そのころまでに，植民地の人々は自分たちのオーストラリア的な考え方や生活様式が英国とは別であることを認識していた。英国は 1855 年に，植民地に自治権を与えた。1850 年から 1905年の間に植民地は民主的な社会へと発展していった。アボリジニーを除くすべての人々が選挙権を持った。アボリジニーは 1966 年まで選挙権を与えられなかった。

1901 年，オーストラリアは 1 つの国家となった。植民地は州になり，それらはオーストラリア連邦として統一された。中央の連邦政府が国家全体を統治し，州政府は州を統治した。

オーストラリアは自治国家だが，英国との結びつきは続いている。オーストラリアは英国の法律や政府の制度を踏襲し，イングランドの女王はオーストラリアの女王でもある。

【要約文】（全訳）

アボリジニーはオーストラリアに 45,000 年(1)以上もの間住んでいる。彼らは土地から得られる食べ物を食べて生活していた。そして(2)英国の人々がオーストラリアにやって来て，

移住した。

　オーストラリアは長い間ヨーロッパ人に(3)知られていなかった。オーストラリアを発見し上陸した最初のヨーロッパ人は，(4)オランダの船乗りだった。しかし(4)オランダ人はそこに移住しなかった，なぜなら土地が乾燥し(5)やせていたからだ。1770年，クック船長がオーストラリアの東海岸に到着し，そこを(2)英国の一部だと主張した。

　最初，シドニーの移住地には多くの問題があった。友好的ではないアボリジニー，働き(6)たくない囚人たち，そして乏しい食料。19世紀初頭以降，(7)囚人ではない移住者が農場を始め，移住地は(8)大きく豊かになっていった。クイーンズランド，西オーストラリア，ヴィクトリア，南オーストラリアのような他の地域にも移住地があった。

　1850年代以降，多くの(9)土地を持つ農場経営者たちが有力で裕福になり，植民地を統治した。また，(10)ゴールドラッシュの始まりで，裕福になりたい多くの人々がオーストラリアにやって来た。オーストラリアの人口は急速に増加し，メルボルンが豊かな街となった。

　人々は英国とは(11)異なる生活様式や考え方を持つようになった。1855年，植民地は英国から自治を獲得し，1850年から1905年の間に植民地は民主的な社会になり，(12)アボリジニーを除く人々は投票権を持った。

　1901年，植民地は州となった。それらは統一され，オーストラリア連邦になった。

2 （長文読解(物語文)：語句解釈，語句整序，語句補充，内容一致）
（全訳）

　台所のドアが開き，1人の少年が城の中庭に転がり込んだ。宮廷料理長がドアに走り寄り，叫んだ。「外に出ていろ，フランク！　台所手伝いの分際で私に料理の仕方を指図するな！　もう台所へ来るな。新しい仕事を見つけに行け」料理長は背を向け，ドアの向こうに消えた。中庭にいただれもがフランクを見ていた。

　「僕は料理長の作ったケーキにはもう少し砂糖が必要です，と言っただけだよ」とフランクは説明した。「料理長はそう思わなかったのかもしれない」

　彼が立ち上がったとき，ピーター大帝が馬に乗って現れた。

　「私の森にドラゴンがいる！」と王が言った。「私をもう少しで焼いてしまうところだった」

　「おそらくあなたがドラゴンを驚かせたのでしょう，ピーター大帝」とフランクが言った。「ドラゴンと意思疎通する方法を知っていれば，危険なものではありません」

　「そうか，小僧」とピーター大帝は奇妙に微笑んで言った。「お前はドラゴンのことを何でも知っているんだな。お前があのドラゴンを手なずけに行け」

　「僕がですか？」とフランクが叫んだ。

　「そうだ，お前だ」と王が言った。「必要な物は城から何でも持っていけ。もしうまくいったら，お前にほうびを与えるぞ」

　フランクは(1)その考えにほほえみ，それから「もしうまくいかなかったらどうなるのですか？」と言った。

　「ああ」と王は言った。「(2)ドラゴンはおそらくお前の体をあまり残さないだろうから，私が心配することはない」王は出て行った。

中庭でフランクは懸命に考えた。

もう 1 人の台所見習いの少年が牛乳を台所へ運び入れていた。

「そうだ！」とフランクは声を上げた。ある考えが彼に浮かんだ。

その後 1 時間で，フランクは (3)荷車を自分の必要な物でいっぱいにして，暗い森の中に入っていった。彼はしばらく歩き回った。突然，開けた草原が現れた。そこでドラゴンは彼を見ていた。

ゆっくりとその怪物は高々と立ち上がった。その鼻からは煙が出ていた。フランクはとても (4-A)怖かった。彼は自分を落ち着かせるために深く息を吸った。

「こんにちは！」とフランクは言い，その強力な怪物は彼を近くで見つめた。荷車から彼は牛乳の壺，樽，氷の塊，砂糖袋，塩袋，そしてイチゴの入った籠を取り出した。「僕はあなたを探していました」

ドラゴンの黄色い目が (4-B)細くなった。「なぜだ？」

「もちろん，ドラゴンのごちそうを作るためです」とフランクは驚いた様子で言った。「僕たちの年老いたドラゴンは，優れたドラゴンは皆それを作ることができると言っていました。あなたも以前作ったことがありますよね？」

ドラゴンは荷車を見た。「ああ，確かに」と彼は言った。「ずいぶん昔にな」

「僕は知りませんが。僕たちの年老いたドラゴンは，それは難しい仕事だと言っていました」とフランクは言った。

黒い煙が彼の口から出てきた。「(5)お前は私を信じないのか？」

「落ち着いてください」とフランクは言った。突然，フランクが手を叩いて言った。「僕はかつてその年老いたドラゴンを手伝いました。僕たちは一緒にできるかもしれません」

ドラゴンは彼を注意深く見た。「やってみてもよい。しかしもしお前が役に立たなかったら，お前を焼くぞ！」

「わかりました，僕たち二人とも同意しましたね。僕の名前はフランクです」

「私はローフだ」

フランクは牛乳の壺を指さした。「まず，クリームを甘くしてください」と彼は言った。

「そんなことはどのドラゴンでも知っている」とローフは叫んだ。彼は自信があるように見せようとしていた。

ローフは牛乳に (6-A)砂糖を入れ，イチゴを加えた。フランクは彼の技量をほめた。最後に，フランクは樽の内側に牛乳の壺を置いた。

「あなたが氷を細かく割って，樽に入れてください」とフランクが言った。「僕は (6-B)塩を加えます。その後，あなたが最も大切な部分をやってください」

「ああ，最も大切な部分だな」とローフが言った。

「さあ，回すのを始めてください」

「回す？」とローフが尋ねた。

「はい，回転させてください。力の強いドラゴンしかそんな大きな樽は回せません」

「そうだな」とローフが言った。彼はどんどん速くそれを回転させた。1 時間後，彼らは牛乳の壺を取り出した。中では，クリームがすでに凍っていた。

「完璧です」とフランクが言った。

「そうか？」とローフが驚いて言い，それから彼は誇らしげに翼を広げた。「もちろん完璧だ！」

フランクはローフにドラゴンのごちそうを深皿に入れて差し出した。ローフはすぐに食べ，「これはうまい！」と言った。

そして彼はフランクを見た。「なあ，私がお前を (7)焼かなくてよかったよ」

「あなたが僕を焼かなくて僕もよかったです」とフランクが言い，ローフにもう 1 杯差し出した。

ローフはそれを食べながら言った。「実は，私はこれを今までに作ったことはない」

フランクは笑った。「実は，僕もありません。一度，王の台所で見ただけです。それは本当はアイスクリームと呼ばれています」

「違う！」とローフが言った。「それはドラゴンのごちそうだ。私たちは今から毎日作るぞ！」

フランクは言った。「わかりません。ピーター大帝に聞かなくては」

「もし彼が不賛成なら，私は彼を焼くぞ！」

「落ち着いて，ローフ。王はこれを味わえば，同意するでしょう。でもそれは，あなたが彼を二度と焼くことができないということですよ」とフランクは言った。

「ああ，今朝のはピーター大帝だったのか？」とローフが尋ねた。「彼は驚いただろうな！」

フランクは笑った。「もう攻撃しませんよね？」

「(8)約束する」とローフが言った。

フランクはローフにさようならを言い，アイスクリームを城に持って行った。

ピーター大帝はフランクに再び会うことができて喜んだ。「お前をドラゴンに会いに行かせて，本当にすまなかった。私は今朝，取り乱していた。どうか私を (9)許してくれ！」

「どうか謝らないでください，ピーター大帝」とフランクは礼儀正しく言った。「始めは恐ろしかったですが，終わり良しでした」

ピーター大帝はフランクの話を聞いた。彼はアイスクリームを味わってローフの約束を聞いたあと，フランクにほうびを与えることに同意した。

王は翌日パーティーを開いた。そこで王は宣言した。「今から，フランクが私のお菓子料理長になる！」

フランクが作ったイチゴアイスクリームが，全ての客にふるまわれた。

「完璧だ！」フランクとピーター大帝が一緒にうなった。

問1　全訳参照。ピーター大帝の言葉の Go and take control of the dragon. と If you're successful, I'll give you a prize. の部分をまとめる。

問2　直訳は「ドラゴンはおそらく，私が心配できるほど十分にお前の体を残さないだろう」となる。フランクがドラゴンを手なずけることに失敗したら，ドラゴンがフランクを焼き殺し，体が残らないほどになってしまうだろうから，その後を心配することはない，ということである。よって，フランクが生きて帰ってこられない，というアが適当。

問3　fill A with B「A を B でいっぱいにする」the things he needed「彼が必要なもの」は he の前に目的格の関係代名詞が省略されている。

問4　全訳下線部参照。scared「怖い」，narrow「細い，目が細くなる」「目を細める」は不快感や軽蔑を表す。ドラゴンはフランクに突然「僕はあなたを探していました」と言わ

れて不快感や警戒心を抱き，目を細めた。

問5　空所直前の「黒い煙がドラゴンの口から出てきた」は，ドラゴンが怒って興奮している様子を表す。フランクがドラゴンの言葉を信じていない様子なので，ドラゴンが怒った。

問6　(6-A) 3つ前の文に「クリームを甘くしてください」とあるので，牛乳に砂糖を入れる。(6-B) 空所の直前に，「氷を樽の中に入れる」とある。氷に塩を加えると，温度がさらに下がり，アイスクリーム作りに適した温度になる。sugar, salt ともに空所(4-A)の3つあとの文中にある。

問7　下線部(5)の6つあとの文に I'll burn you if you're not helpful「お前が役に立たなかったら，私はお前を焼く」とある。その後，フランクとローフは協力してアイスクリーム作りを成功させたので，「私はお前を焼かなくてよかった」と言っている。

問8　直前のフランクの No more attacking?「（ピーター大帝を）もう攻撃しない？」に対して，ドラゴンが I promise.「約束する」と答える。下線部(9)の4つあとの文中にLorf's promise「ローフの約束」とあることにも着目する。

問9　ピーター大帝がフランクに謝っていることから，forgive「～を許す」が適当。

問10　ア　「ドラゴンのごちそうは宮廷の調理場で伝統的なメニューだ」（×）　イ　「ローフは城で王に会い，彼を焼いてしまうところだった」（×）　ウ　「フランクは以前に城で，年老いたドラゴンから料理を学んだ」（×）　エ　「ほうびとしてフランクは王のためにお菓子を作る料理長になった」（○）

3　(会話文読解：英問英答，語句補充，文補充，語句解釈，英文和訳)

(全訳)────────────────────────────

　カズとナオミは，友人のブライアンとエイミーを東京を巡るバスツアーに連れていくことにした。

ナオミ　　：さあ！　急いで，あなたたち！　バスが間もなく出るわよ。

ブライアン：人がまだ列に並んでいるよ。どうしてこんなに急ぐんだ？

カズ　　　：日本ではバスや電車は時間通りに出るんだよ。時計を到着時刻か発車時刻に合わせておいた方がいいよ。

エイミー　：①冗談でしょう！

カズ　　　：ちがうよ。本当なんだよ。

エイミー　：交通機関がそんなに時間に正確だとは知らなかったわ。シカゴでは，電車は(1)そんなではないわ。覚えてる，カズ？

カズ　　　：うん，覚えているよ。たいていは(2)遅れていたね。

ナオミ　　：そうそう。冬は冷たい風の中で立っていて楽しくはなかったわね。(3)凍えて死にそうになったこともあったわ。

ブライアン：それがシカゴだよ…そのうえ冬だからね。ねえ，あの人が僕らのツアーガイドかな―青い帽子(4)をかぶった人？

ナオミ　　：ええ。彼女が私たちにすべての名所を説明してくれるのよ。

エイミー　：英語だといいんだけど。

ナオミ　　：もちろんよ。②でも，私たちも少しはお手伝いできるわ。

カズ　　　：みんな，乗ろう。

エイミー　：わかったわ。侍のかつらをかぶった変な人の近くに座らずに済んだらいいなあ。どうして彼はあんな旅行者(5)のように見せる必要があるの？

ブライアン：ねえ，これを見てよ，エイミー。ハンドルの位置が間違っているよ。

ナオミ　　：そうではないわ，ブライアン。それは(6)反対側にあるのよ。

ブライアン：ああ。君が言いたいことがわかったよ。

カズ　　　：君が運転していなくてよかったよ。ねえ，ブライアン？

ブライアン：Aうん，確かに！

エイミー　：まあ！　中は何もかもきれいだわ。シカゴのバスとは何て違うんでしょう！

ブライアン：う～ん…座席が少し(7)狭いと思わない？

カズ　　　：そうは思わないよ。

ブライアン：君はそんなにやせているからだよ，カズ。

エイミー　：足元は十分に広い？

ブライアン：Bそうでもないよ。

カズ　　　：席を変えたいかい？　後部はもっと広さがあるよ。

ブライアン：Cいいや。大丈夫だよ。

ユキ　　　：みなさま，おはようございます。私の名前はイシハラ・ユキです。本日はみなさまのツアーガイドをさせていただきます。おくつろぎになってツアーを楽しんでください。最初の停留所は東京タワーです。ご質問があったらご自由にお尋ねください。私は，どんな形であれ，みなさんのお手伝いをするためにここにおりますので。

ブライアン：すみませんが。今日のツアーには昼食は入っているんですか？

ユキ　　　：D申し訳ございませんが，入っておりません。

エイミー　：ブライアン，私たちは朝食を食べたばかりよ。もう食べ物(8)のことを考えているの？

ブライアン：先のことを考えているだけだよ。

ユキ　　　：よろしければ，どちらからいらっしゃったかお聞かせください。お客様はいかがですか？　お名前と出身地を教えていただけませんか？

エイミー　：ええと，私の名前はエイミー・モーガンで，アメリカ…正確にはシカゴから来ました。

ユキ　　　：まあ，なんて興味深いのでしょう！　隣に(9)座っていらっしゃる方はお友達ですか？

エイミー　：いいえ，夫です。

ユキ　　　：そうですか。では，(10)どなたか別の方にまいりましょう。

エイミー　：まあやだ！　彼女は侍のかつらをつけた人に自己紹介してもらいたがっているわ。③私は隠れているわ！

問1　①　質問は，「なぜエイミーは『冗談でしょう！』と言っているのですか」という意味。エイミーは，カズから日本ではバスや電車が時間通りに出発すると聞き，驚いたと考えられる。したがって，(a)「彼女は，日本ではバスや電車が時間通りに正確に出発することに驚いているので」が適切。(b)は「彼女は出発するときに腕時計を合わせなくてはならないので」，(c)は「彼女は家に帰るのに急いでいるので」，(d)は「バスが出発し

151

ようとしているので」，(e)は「人々がまだバスに乗ろうと待っているので」という意味。

② 質問は，「ナオミは『でも，私たちも少しはお手伝いできるわ』と言っています。ナオミとカズは何をするのでしょうか」という意味。直前で，エイミーがバスのガイドが英語で説明してくれるとよいと言っているのを受けての発言なので，ナオミが言っている「お手伝い」とは，英語でバスから見えるものの説明をすることだと考えられる。したがって，(e)「彼らはブライアンとエイミーに東京の名所について教えてあげる」が適切。(a)は「彼らはブライアンとエイミーと一緒にバスを掃除する」，(b)は「彼らはバスでブライアンとエイミーのために席を見つける」，(c)は「彼らはブライアンとエイミーがバスに乗るのを手助けする」，(d)は「彼らはブライアンとエイミーのバッグをバスに載せる」という意味。

③ 質問は，「なぜエイミーは『私は隠れているわ！』と言っているのですか」という意味。エイミーの4番目の発言から，彼女がバスに同乗していた，侍のカツラをかぶった男性を快く思っていないことがわかる。その男性がバスガイドに自己紹介を求められたのを知って，エイミーは男性に関わらずに済むように願って，「自分は隠れている」と言ったのである。したがって，(c)「彼女は，侍のカツラをかぶった男性は変だと思っているから」が適切。(a)は「彼女は，侍のカツラをかぶった男性が興奮していると思っているから」，(b)は「彼女は，侍のカツラをかぶった男性がおもしろいと思っているから」，(d)は「侍のカツラをかぶった男性がエイミーを探しているから」，(e)は「侍のカツラをかぶった男性がエイミーと友達になりたがっているから」という意味。

問2 全訳参照。(1) 東京の電車とシカゴの電車を比べて，「シカゴでは，電車は東京のように時間に正確ではない」と言っている。that は交通機関が時間に正確に動く状況を指している。

(2) シカゴの電車の状態を言っているので，「（東京と違って）たいていは<u>遅れていた</u>」と言っている。

(3) 電車が遅れて寒い中待たされた経験を述べている。to はある状態に至ることを表し，この場合は freeze（「凍る」過去形は froze) to death で「凍え死ぬ」という意味になる。

(4) 身につけていることを表すときは with を用いる。

(5) look like ～「～のように見える」。ここでは，侍のカツラをかぶった男性の見た目について述べている。

(6) 直前でブライアンが on the wrong side と言ったのは，アメリカでは左側にあるはずのハンドルが，右側にあったからである。これを聞いたナオミは，「（アメリカと）反対側にある」と説明している。右，左の2つのうち，一方と反対側のもう一方を指すときには the other「もう一方の，反対側の」を使う。

(7) このあと，ブライアンは「君はそんなにやせているからだ」とカズに言っているので，ブライアンにとっては座席が<u>狭すぎる</u>と考えられる。

(8) think about ～で「～について考える」という意味になる。

(9) your friend を後ろから修飾するように現在分詞を入れて，「隣に座っている」という意味にする。

(10) バスガイドは，自己紹介を頼む人をエイミーから別の人物に換えようとしている。someone else で「他のだれか」という意味になる。

問3 (1) 全訳参照。A ハンドルの位置がアメリカと日本で逆であることを知らなかったブライアンは，カズに「君が運転していなくてよかった」と言われて同意している。B エイミーに足元の広さが十分かどうか尋ねられたことに対する応答。このあと，カズが席を変えようかとブライアンに尋ねていることから，ブライアンにとって，座席の足元の広さは十分ではないと考えられる。 C カズに「後部はもっと広さがある」と言われたが，そのあとブライアンが座席を移動したことがわかる記述がないので，ブライアンは座席を移動せずに狭い席に座ることにしたと考えられる。 D ツアーに昼食が含まれているかという質問に対する応答。

(2) 本文中の I take your point. は「君が言いたいことがわかった」という意味で，この場合の point は「言いたいこと，考え，意見」という意味。(a)は「私は駅の待ち合わせ場所にいる」という意味で，point は「地点」の意味。(×) (b)は「ここから先は駐車禁止」という意味で，この point も「場所，地点」の意味。(×) (c)は「彼女は話の中でいくつかおもしろい考えを述べた」という意味。この point は「意見，考え」の意味で，本文中の point の意味とほぼ同じ。(○) (d)は「オーストラリアチームは20点差で試合に勝った」という意味で，point は「得点」の意味。(×) (e)は「怒っても意味はない[無駄だ]」という意味で，point は「意味」の意味。(×)

(3) in any way で「どんな形であれ」という意味を表す。

(4) 全訳参照。〈let ＋人＋動詞の原形〉で「(人)に～させてやる」という意味。相手に「～させてください」と許可を求める表現としてよく用いられる。

[4] （英作文）

(問題文訳)「高校のときにアルバイトをする学生がいます。これは良い考えだと思いますか，それとも思いませんか。2つか3つの理由をあげなさい。英語で書き，約50語を使いなさい。解答用紙の空所に単語数を書いてください」

(解答例訳)「私は高校のときにアルバイトをすることを良い考えだとは思いません。宿題をする時間が十分なく，授業中に疲れや眠気を感じるでしょう。すると学校で良い成績を出せません。さらに，友達と過ごす時間もないでしょう」

1

| 問1 | | 問2 | | 問3 | | |

問4

問5

| 問6 | ⑥ | |
| | ⑦ | |

| 問7 | ☆ | | ★ | |

問8

問9

問10

問11	(1)	
	(2)	
	(3)	
	(4)	

| 問12 | (1) | | (2) | | (3) | | (4) | | (5) | | (6) | |

2

問1	(1)		(2)		(3)		(4)		(5)		(6)	

問2		問3		問4		問5		問6	

問7	....

3

(1)		(2)		(3)		(4)	

4

(1)	①		②		(2)	①		②		(3)	①		②	

(4)	①		②	

5

記号	正しい語句	記号	正しい語句

1

問1	(you)		(me)		(her)	

問2		問3			

問4	

問5

少	年	が	初	め	て						
						く	れ	た	か	ら	。

問6	→	→	→	(ウ)	→	→

問7	

2

問1		問2		問3	

問4	(3番目)		(6番目)		問5		問6	

問7	A		B		C	

3

	記号	語句
(1)		
(2)		

4

(1)		(2)		(3)		(4)	

5

(1)		(2)	
(3)		(4)	

第1回

第2回

第3回

第4回

第5回

第6回

第7回

第8回

第9回

第10回

解答用紙

6

(1) In the future I want

＿＿＿＿＿＿＿＿＿＿＿＿＿＿＿＿＿＿＿＿＿＿＿＿＿＿＿＿＿＿＿＿＿＿＿

.

(2) Last summer I

＿＿＿＿＿＿＿＿＿＿＿＿＿＿＿＿＿＿＿＿＿＿＿＿＿＿＿＿＿＿＿＿＿＿＿

.

(3) My home is smaller

＿＿＿＿＿＿＿＿＿＿＿＿＿＿＿＿＿＿＿＿＿＿＿＿＿＿＿＿＿＿＿＿＿＿＿

.

(4) I think the most interesting country

＿＿＿＿＿＿＿＿＿＿＿＿＿＿＿＿＿＿＿＿＿＿＿＿＿＿＿＿＿＿＿＿＿＿＿

.

| 1 /27 | 2 /27 | 3 /6 | 4 /12 | 5 /12 | 6 /16 | /100 |

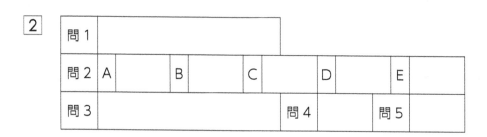

1

問1	(1)		(2)		(3)		(4)		(5)	

問2		問3				

2

問1	

問2	A		B		C		D		E	

問3			問4		問5	

3

(1)	He is
	.
(2)	I got a letter
	a baby.
(3)	The police officer
	when ⋯

4

(1)		(2)	
(3)		(4)	
(5)			

5

(1)		(2)		(3)		(4)	

6

① ....

② ....

第1回
第2回
第3回
第4回
第5回
第6回
第7回
第8回
第9回
第10回

解答用紙

 1 ／27

 2 ／27

 3 ／9

 4 ／15

 5 ／12

 6 ／10

／100

1

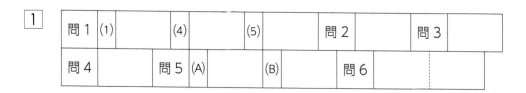

問1	(1)		(4)		(5)		問2		問3	
問4			問5	(A)		(B)		問6		

2

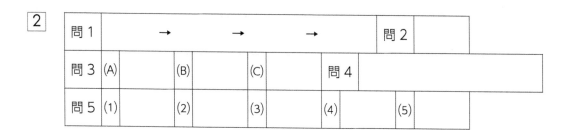

問1		→		→		→		問2	
問3	(A)		(B)		(C)		問4		
問5	(1)		(2)		(3)		(4)		(5)	

3

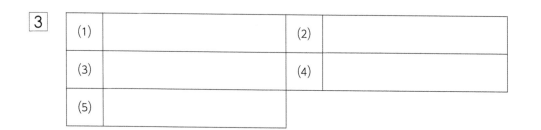

(1)		(2)	
(3)		(4)	
(5)			

4

(1)	(a)		(b)		(2)	(a)		(b)	

5

(1)		(2)	

6

(1)	
(2)	

1	/30	2	/34	3	/15	4	/8	5	/6	6	/7	/100

160

1

問1	{a}		{b}		{c}		{d}	
問2	〈1〉		〈2〉		〈3〉		〈4〉	〈5〉

問3	(A)							
								.
	(B)							
								ways.

問4	
問5	

問6		問7		

2

問1	(3番目)		(6番目)	
問2				
問3		問4		問5	
問6	A		B		C		D	

3

問1	①		②	
	③			
問2	④		⑤	
	⑥			

161

4

(1)	
(2)	
(3)	
(4)	

5

(1)	①		②		③		(2)	④		⑤		⑥	
(3)	⑦		⑧		(4)	⑨		⑩		⑪			
(5)	⑫		⑬										

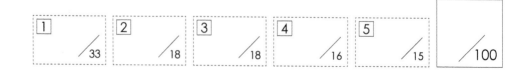

| 1 | /33 | 2 | /18 | 3 | /18 | 4 | /16 | 5 | /15 | | /100 |

1

問1		問2		問3		問4		問5	
問6		問7		問8					
問9	Ⓐ		Ⓑ		Ⓒ		問10		問11	

2

問1	㈐		㈑		㈒		㈓		問2	①		②	
問3											こと。		
問4		問5											

3

(1)		(2)	
(3)		(4)	
(5)		(6)	
(7)		(8)	

4

(1)		(2)		(3)		(4)	

1

問1	[ア]		[イ]		[ウ]		[エ]		[オ]	
	[カ]		[キ]		[ク]		[ケ]		[コ]	
問2	[A]		[B]		[C]		[D]		[E]	
	[F]		[G]		[H]		[I]		[J]	

2

問1		問2		問3			
問4	A		B		C		D
問5	(1)		(2)		(3)		

3

問1		問2								
問3										
問4										
問5						問6		問7		
問8										

4

(1)		(2)	
(3)		(4)	
(5)			

1	/40	2	/20	3	/25	4	/15	/100

1

(1)		(2)	
(3)		(4)	
(5)		(6)	
(7)		(8)	
(9)			

2

(1)		(2)	
(3)		(4)	
(5)			

3

問1	(1)		(16)					
問2	(2)			(3)			(14)	
	(15)			(20)				
問3	(4)		(8)		(11)		(13)	(22)
問4	(5)		(10)					
問5								
問6	(7)			(12)			(17)	
問7				問8				
問9		問10						
問11				問12				

4

_____

_____

_____

_____

_____

_____ (　　語)

1

問1	(1)		(2)		(3)		(4)		(5)	
	(6)		(7)		(8)		(9)		(10)	

問2	1		2		3		4		5	

問3	(あ)	
	(い)	
	(う)	

問4	(i)	
	(ii)	
	(iii)	

問5	②	
	③	

2

問1	
問2	
問3	
問4	問5	問6
問7	

3

I think（　　　）dogs are better.

_____

_____

_____

_____

_____

_____（　　語）

1

(1)		(2)		(3)	
(4)		(5)		(6)	
(7)		(8)		(9)	
(10)		(11)		(12)	

2

問1	
問2	
問3	
問4	問5
問6	(6-A)　　　(6-B)
問7	問8　問9　問10

3

問1	①	②	③		
問2	(1)	(2)	(3)	(4)	(5)
	(6)	(7)	(8)	(9)	(10)
問3	(1)	(2)	(3)		
	(4)				

4

_____

_____

_____

_____

_____

_____   (words)

大切なことはメモしておこうネ！

公立高校入試シリーズ

~公立高校志望の皆様に愛されるロングセラーシリーズ~

- 全国の都道府県公立高校入試問題から良問を厳選
  ※実力錬成編には独自問題も！
- 見やすい紙面、わかりやすい解説

数学

合格のために必要な点数をゲット

目標得点別・公立入試の数学　基礎編

- 効率的に対策できる！　30・50・70点の目標得点別の章立て
- web解説には豊富な例題167問！
- 実力確認用の総まとめテストつき

定価：1,210 円（本体 1,100 円 + 税 10%）／ ISBN：978-4-8141-2558-6

応用問題の頻出パターンをつかんで80点の壁を破る！

実戦問題演習・公立入試の数学　実力錬成編

- 応用問題の頻出パターンを網羅
- 難問にはweb解説で追加解説を掲載
- 実力確認用の総まとめテストつき

定価：1,540 円（本体 1,400 円 + 税 10%）／ ISBN：978-4-8141-2560-9

英語

「なんとなく」ではなく確実に長文読解・英作文が解ける

実戦問題演習・公立入試の英語　基礎編

- 解き方がわかる！　問題内にヒント入り
- ステップアップ式で確かな実力がつく

定価：1,100 円（本体 1,000 円 + 税 10%）／ ISBN：978-4-8141-2123-6

公立難関・上位校合格のためのゆるがぬ実戦力を身につける

実戦問題演習・公立入試の英語　実力錬成編

- 総合読解・英作文問題へのアプローチ手法がつかめる
- 文法、構文、表現を一つひとつ詳しく解説

定価：1,320 円（本体 1,200 円 + 税 10%）／ ISBN：978-4-8141-2169-4

理科

短期間で弱点補強・総仕上げ

実戦問題演習・公立入試の理科

- 解き方のコツがつかめる！　豊富なヒント入り
- 基礎～思考・表現を問う問題まで重要項目を網羅

定価：1,045 円（本体 950 円 + 税 10%）
ISBN：978-4-8141-0454-3

社会

弱点補強・総合力で社会が武器になる

実戦問題演習・公立入試の社会

- 基礎から学び弱点を克服！　豊富なヒント入り
- 分野別総合・分野複合の融合などあらゆる問題形式を網羅
  ※時事用語集を弊社HPで無料配信

定価：1,045 円（本体 950 円 + 税 10%）
ISBN：978-4-8141-0455-0

国語

最後まで解ききれる力をつける

形式別演習・公立入試の国語

- 解き方がわかる！　問題内にヒント入り
- 基礎～標準レベルの問題で確かな基礎力を築く
- 実力確認用の総合テストつき

定価：1,045 円（本体 950 円 + 税 10%）
ISBN：978-4-8141-0453-6

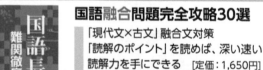

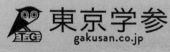

全国47都道府県を完全網羅

全国公立高校入試過去問題集シリーズ

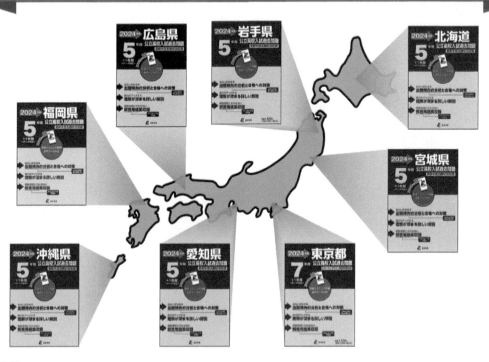

POINT

① **➤ 入試攻略サポート**
- 出題傾向の分析×**10年分**
- 合格への対策アドバイス
- 受験状況

② **➤ 便利なダウンロードコンテンツ** (HPにて配信)
- 英語リスニング問題音声データ
- 解答用紙

③ **➤ 学習に役立つ**
- 解説は全問題に対応
- 配点
- 原寸大の解答用紙を
  ファミマプリントで販売
  ※一部の店舗で取り扱いがない場合がございます。

最新年度の発刊情報は
HP (https://www.gakusan.co.jp/) をチェック！

愛知県 宮城県

こちらの2県は

予想問題集も発売中

\\ **実戦的**な**合格対策**に!! //

書籍の内容についてのお問い合わせは右の QR コードから　⇒　

※書籍の内容についてのお電話でのお問合せ、本書の内容を
　超えたご質問には対応できませんのでご了承ください。

高校入試実戦シリーズ

実力判定テスト10 改訂版　英語　偏差値70

2020年5月13日　初版発行
2024年9月13日　3刷発行

発行者　佐藤　孝彦

発行所　東京学参株式会社
　　　　〒153-0043　東京都目黒区東山2−6−4
　　　　URL　　https://www.gakusan.co.jp/

印刷所　株式会社ウイル・コーポレーション

ISBN 978-4-8141-1664-5